社交新零售

——5G 时代的零售变革

王鸥飏　著

中国原子能出版社

图书在版编目（ＣＩＰ）数据

社交新零售 ／ 王鸥飏著 ． -- 北京 ： 中国原子能出
版社， 2020. 3
  ISBN 978-7-5221-0342-6

  Ⅰ． ①社… Ⅱ． ①王… Ⅲ． ①零售商业－商业模式－
研究 Ⅳ． ① F713. 32

  中国版本图书馆 CIP 数据核字（2019）第 300062 号

社交新零售

出版发行	中国原子能出版社（北京市海淀区阜成路 43 号　100048）
责任编辑	左浚茹
装帧设计	胡椒设计
责任印制	潘玉玲
印　　刷	北京时捷印刷有限公司
经　　销	全国新华书店
开　　本	787mm × 1092 mm　1/16
印　　张	15
字　　数	185 千字
版　　次	2020 年 3 月第 1 版　2020 年 3 月第 1 次印刷
书　　号	ISBN 978-7-5221-0342-6　　定　价 49.80 元

网址：http://www.aep.com.cn　　　　E-mail：atomep123@126.com

- 前 言 -

在本书的开头，我们先来听这样一个故事：

我家小区楼下有一家菜市场，菜市场里面有很多的商家在卖菜，尽管十分卖力吆喝，但大部分商家的生意并不太好，只有一家例外。生意好的这家菜店是一家常见的夫妻店，老板负责外出进货，老板娘负责日常事务打理，看起来平淡无奇，但他们家的生意却十分火爆。究其原因，原来是只要有用户进店，老板娘都会积极加上顾客的微信，随后将用户拉到微信群或者QQ群。

每天下班前十分钟，老板娘都会向用户分享"今日必买好菜"，为用户推荐美味实惠的应季蔬菜；每周四会发出"朋友圈集赞送好礼"的活动，并标注星期五到实体门店兑换新鲜蔬菜，同时抓住周五人流量较多的机会，积极推出新品。这样一来，用户既得到了实惠，又能买到每周的新鲜蔬菜，用户人流量自然源源不断了。

可能老板娘也不知道什么是"社群运营""社交裂变"等概念，但无形之中，老板娘将微信的流量转化成了销量。老板娘的这种做法，是目前衍生出的一个新的零售模式——社交新零售。

事实上，2019年的营销关键词"社交裂变"成了最高权重选项，因此"社交零售"对于我们来说其实并不是新事物。

　　比如，2017年11月，瑞幸咖啡创立成功，在近一年的时间里，瑞幸便成了国内仅次于星巴克的咖啡连锁品牌。这种裂变式的成长方式自然离不开其"裂变拉新"的营销模式。瑞幸的"赠杯"活动让老客户在购买咖啡之后便可以通过微信将杯子赠送给自己的朋友，因此吸引了一大批消费者，其用户增长率也在一段时间内持续飙升。

　　瑞幸咖啡之所以能够在星巴克的夹缝中蓬勃生长，这与瑞幸咖啡注重社交的运营理念是分不开的。从瑞幸咖啡的成长经历中，能看出社交裂变不仅为瑞幸咖啡带来了人气与流量，更是为瑞幸咖啡带来了根深蒂固的用户关系链。所以，这也使得瑞幸咖啡在保持低成本扩张的道路上，能够一直得到用户的支持。

　　其实从本质上讲，菜店老板娘采用的营销套路与瑞幸咖啡基本相同，只不过她没能总结出一套详尽而有趣的方法论，但仍旧让我们看到社交裂变的价值不在于流量，而在于用户关系链，流量只是结果而已。尽管菜店老板娘没有理论做支撑，但却领悟到绑定社交关系链的价值，因为身边的人购买次数多了，便可以形成口碑效应，这样一来产品的销量就会有所提升，生命周期也会相应地提高。

　　品牌方与淘宝、京东等流量平台不同，随着流量成本的不断提高，它们辛辛苦苦积攒的流量很可能会被这些平台轻轻松松抢走，很多电商平台已经出现了流量向头部品牌的聚集效应。而微信运营则不同，在微信上获得的流量都属于自己，积攒的流量就相当于创办了属于自己的流量池，企业可以将这些流量转到线上，也可以设法提高复购率，总之，选择权掌握在自己的手上。

　　如此一来我们就很容易理解社交红利的本质了，在互联网时代，社交关系是一道强有力的保护墙，这一点对于零售商来说极为重要，只要打通社交关系链，那么销量转化问题就会迎刃而解。

传统实体零售所创造的社交关系有利于成交率和客单价的提高，对于消费者满意度和忠诚度也有一定的促进作用。尽管如此，一旦消费者离店便很难形成复购，而那种购物频次本来就比较低的商品种类，例如家居和饰品等，这种现场服务式零售黏性不足，唯一的优点就是店员离职不会对实体店造成过大的影响。

传统中心化电商和传统实体零售的社交黏性都不高，但中心化电商的社交关系相对更加即时。准确说来，这些社交关系都只与商业行为的客户服务部分有关，最值得注意的是，消费者彼此之间没有社交关系。如果能够将店员与消费者、消费者与消费者之间的社交关系建立起来，那么就可以极大程度地减少决策和购买时间成本，提高复购概率和客单价，让消费者的忠诚度有效提升，那么这样的社交关系该如何建立呢？

传统实体零售可以通过微信群、朋友圈以及小程序等方式，花最少的时间拥有传统电商在购买时间上的优势，同时还能拥有传统电商所不具备的优势，那就是利用线上社交影响消费者，促成交易，缩短决策时间。

社交新零售的降维逻辑就是如此，不仅有效降低线下空间维度，同时还利用传统电商强化的物流能力和优质体验让消费者更加满意。

那么，社交新零售该怎么"玩"呢？

这个问题其实没有标准的答案，更没有具体的概念，但总有一些思维方法和路径值得我们来参考，进而利用到实际中实现本土化。而这些就是本书的重点。

在本书里，我们将从7个方面去分析社交新零售以及做好社交新零售的"打法"，为传统电商与零售企业转战社交新零售提供理论基础及实操方法。

从社交与成交的关系出发，明确"社交＋新零售"是未来的发展趋势；并通过新零售的变革，加深对社交新零售的了解；明确社交新零售的具体内涵，以及社交新零售之中社交关系等，形成"无社交，不成交"的理念。

从社交新零售的裂变传播方式出发，了解社交新零售的降维逻辑与本质，并通过小红书、拼多多、云集微店、森米的分析，了解不同的社交新零售模式的运行。

从打造个人品牌出发，明确社交新零售时代人人皆可参与的观念，并通过灵活运用"1000个铁杆粉丝"理论、打造有价值的社交账号、打通人脉，形成自身的个人品牌，最终达到吸引忠诚用户，实现变现的目标。

从打造用户认同感出发，明确提升用户认可感的具体方法与理论指导，从而帮助正在踏入社交新零售领域的企业、团体与个人快速地打造用户认同感，实现产品成交。

从打造影响力思维出发，通过强化领域定位、管理用户情绪、抓住用户心理、线上与线下的融合，将自身打造成为用户的意见领袖，打造用户认同感，树立品牌的正面形象。

从社交新零售的公关层面出发，明确社交电商与社交零售企业面临的挑战，即大众舆论。通过介绍公关技巧，让各个社交电商与社交零售企业能够合理处理舆论事件，树立企业与品牌的正面形象。

从5G对社交新零售的影响出发，了解5G对社交新零售带来的变化、机遇与挑战。从而帮助社交电商与社交零售企业提前布局，在红海化的竞争到来之前取得竞争优势，获得更加美好的发展前景。

本书最大的特色在于：通俗易懂，与实例结合。通过案例与示意图的结合，不仅能提升阅读体验，还能够帮助读者加深理解。此外，示意图、逻辑图十分清晰明了，可以让读者朋友们理清思路，引导读者自我的思考。

本书是为那些即将转型进入，或者是刚进入社交新零售领域的零售企业与商家而准备的，分成 7 个部分，试图通过多方面的解读，为其提供转型与发展的理论知识。

回首过往，你可能仍旧对新零售有所迷惑，但有一点我们是清楚的，那就是做社交并不是为了获得一时的利益，而是为了获得长久不衰的发展，这也是让自己变强变大的重要途径，当走到一定程度的时候，我们自然会了解社交新零售背后的真正含义。

社交新零售依靠"互动"引流，并渗透进互联网，通过各种社交能量来留住真价值客源，继而通过优秀的产品和服务，与消费者建立起强大的社交连接，成为朋友，共同成长，这就是社交新零售背后的终极目标和意义。

当前，社交零售和社交电商均面临两大挑战，那就是想办法持续保持单一维度的规模化优势，同时考虑是否升维和如何升维。

从消费者角度来说，对平台和商家永远都有一个要求，那就是持续不断为自己提供高性价比的服务和优质的产品。

从商家角度来说，其永远的追求就是提高效率，有效降低成本。

从平台角度来说，要坚持追求规模化效益和控制力。

所幸，移动互联网时代的社交工具和方法都在不断变化和更新，传统实体零售和传统中心化电商、品牌商和平台已经来到了新的起点，让我们以正确的商业维度理论体系，秉持好的心态，尝试用新的思维方式努力推动零售电商的持续创新发展。

未来，只有将社交与新零售更好结合的企业与个人，才有机会进入下一个风口，获得更长远的发展。本书的目的在于为阅读这本书的读者，提供社交新零售的理论支撑，重现构建"人、货、场"的关系，为其发展提供一个可行的、具体的方向。

　　最后，希望这本书能够帮助读者打开思维，找到企业转型升级与促进社交新零售的新思路，同时为读者在社交新零售时代的发展方向提供一些建议与启发。

　　任何事物出现的新发展，就像是一场冒险的旅行，争做"第一个吃螃蟹的人"，虽有所风险，其利必然收载千秋。有些企业看似偶然的、突然的成功，也许只是通过不断地实践与改进的结果。乘着社交新零售的东风，不断地去实践，将是在社交新零售时代获得立足之地的重要途径。

- 目 录 -

第 5 章　影响力思维：如何修炼成意见领袖

第 6 章　社交新零售时代的公关新挑战

第7章 5G时代下的社交新零售变革

第 1 章

无社交，不成交

在互联网时代，人们的社交变得更为便捷和广泛，社交不再局限于人际关系，而是与各领域逐渐融合，这使"社交＋新零售"成为零售领域必然的发展趋势。有人的地方就有社交，有社交就会为零售企业与商家带来流量，实现变现。在社交新零售时代，无社交，不成交。

　　零售的本质，就是多快好省，物流、信息流、资金流三者的技术革新，产生了每一次零售业态的迭代。从邮购鼻祖西尔斯百货到超级市场，从沃尔玛大卖场到折扣零售店，从会员大卖场好市多到便利店、药妆店，伴随着铁路、公路、电冰箱、汽车、通信、互联网等众多技术的发展。

　　社交新零售，根植于大一统市场的物流、信息流、资金流新技术的变革，用户购买场景开始产生更多的可能，资金决策统计分析快捷安全，物流迅捷方便。随着人工智能、深度学习、算法优化、5G 时代的到来，人们有理由相信，零售业态将发生更多变化。唯一确定的是，人类的社交属性不变，人类的决策系统是基于社交的。

1.1　零售观察：新零售未来的五大发展趋势

曾经在微博上，有许多用户都纷纷晒出六神风味的 RIO 鸡尾酒拆包照片，这在微博上引起了热议。假装六神的 RIO 鸡尾酒的话题的阅读量也快速飙升，达到 176.4 万（图 1-1）。其中，有许多知名大咖还开展了抽奖送六神 RIO 鸡尾酒的活动，引发用户大量转发。用户通过社交活动与行为，将六神风味的花露水打造成热门话题。

花露水与酒似乎是八竿子打不着的两样东西，但命运就是如此奇怪，让花露水与 RIO 鸡尾酒凑到了一块儿，并让用户自愿帮其宣传，为其带来流量。这是为何呢？

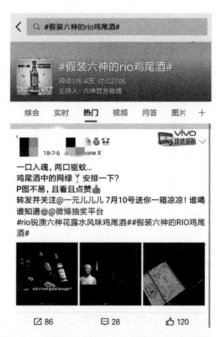

图 1-1　假装六神的 RIO 鸡尾酒话题截屏

首先，六神风味的鸡尾酒是一款新出的创意产品，很容易就可以吸引用户的目光，获取流量，使用户想将这种发现"新大陆"的体验传送给用户。于是，六神风味的鸡尾酒就自带了社交话题性，这带动许多微博大咖自愿为其宣传，顺便蹭一波热度，带来流量，可谓是一箭双雕。

在通过微博平台的宣传预热之后，六神风味的鸡尾酒的第一波预售在17秒内就已经被抢光。

在2018年，除了六神风味的鸡尾酒外，还有许多品牌走上相似的社交流量道路，开始"不务正业"，钻研起"旁门左道"了。

例如，大白兔携手气味图书馆推出了大白兔奶糖香水；娃哈哈声称自己"要给世界点颜色瞧瞧"，于是推出了18色的眼影盘；旺仔与自然堂联名推出了雪饼气垫……

这个时代是怎么了？为什么一个一个的知名品牌都如同脱缰的野马，在跨界的道路上狂奔不止？根本原因就在于流量。

自从新零售问世以来，尤其是在2018年，新零售玩法集中的爆发，给用户带来了许多意想不到的体验。而各大品牌的跨界合作则是为了实现产品的多元化，满足用户更多个性化消费需求，为用户提供更加优质的体验，从而获得更多流量，并转换成巨大的收益。

新零售目前仍处于高速发展的时期，其未来超乎想象。根据目前的新零售的现状与发展情况，我们可以预见新零售的未来有以下发展趋势。

一、线上与线下融合，带来升级体验

为用户提供线上与线下的升级体验，是新零售发展的一大主要趋势。在新零售时代之中，用户是零售企业的重心，为用户提供更加优质的体验是零售企业工作的落足点。

将线上与线下融合的体验升级，就是其在新零售时代应对市场变化的重要策略，这也是许多零售企业的战略措施，更是新零售不可避免的发展趋势。线上与线下的融合，加强了用户与品牌的互动，也加强了用户与用户之间的互动。

在新零售时代之下，不管是新兴的智慧门店，还是传统的实体门店，都需要通过更先进的技术，打破线上与线下的隔阂，为用户带来全新的升级体验，从而获得更多的利润，促进企业走向更美好与长久的未来。

比如：耐克建立了众多沉浸式体验店，打通线上线下，充实体验场景，促动用户社交分享和传播，在店里为目标消费者设置了不同的、多个品牌"接触点"，让顾客能在各种不同的环境下、用不同的方式体验品牌，形成了一个丰富的、多维的、包裹式的独特体验，令顾客难以忘怀，并可多次光临，以此建立起与品牌更长久、更深度的互动关系。

二、与用户寻求情感上共鸣，塑造人格化的品牌

人格化的品牌塑造是新零售发展的新方向。从新零售诞生以来，越来越多的企业开始塑造品牌的消费场景，为品牌打造人格化的标签，从而加深用户对品牌的认可度与信任度，借此来激发用户的购买欲望。

品牌的人格化就是避免品牌给人以冰冷之感，塑造一个正面、温暖、有社会责任感的品牌形象。例如，江小白就是塑造个性化品牌的成功者。

一篇"我是江小白，生活很简单"的微博，标志着江小白的正式诞生。其最高决策者陶石泉将江小白的形象设置为文艺青年，力图成为年轻人情感与价值表达的发声者，激发用户的情感共鸣。

其文案构造的消费场景更是感染许多用户，让用户成了江小白的"铁杆粉"。例如，"离别纵有千种理由，相聚只需朋友与酒""多一点先干为敬

的真诚，少一些世故圆滑的套路""独饮是和自己对话，约酒是和兄弟交心"等文案，构建的与朋友相见、约酒的生活场景，真实有温度。

江小白的成功与其塑造的人格化的形象密不可分，这使江小白已经超越了酒的本身，拥有了更多的情感寓意。一个能够代表广大用户发声的零售企业，终将会走进用户的心中，在满足用户购物需求的同时，也满足用户的精神与心理诉求，从而真正地做到以用户为中心。

现在新零售时代，得用户心者得"天下"，而一个与用户心有灵犀的人格化品牌，用情感与温度加强品牌与用户之间的联系与互动，这是拴住用户的心的重要途径，也是新零售发展的重要趋势之一。

三、科技赋能，提供便捷化服务

让用户获得更便利的体验，购买到优惠高质的产品是新零售发展的一大重要目标。而要实现这一目标，离不开对各种先进技术的应用，例如大数据、物联网、云计算等技术。

通过这些技术可以实时监控商品原材料的采购、生产与加工，商品的经营与管理，商品售后服务等从生产端到用户端的整个过程。这促进了用户便利体验的升级。

例如，沃尔玛的扫码购，通过对非接触性的射频识别技术，使用户摆脱了排长队的情况，只需要扫描产品的二维码，再进行线上支付，就可快速地完成购物过程，实现即时消费。

再如，美团基于AI技术，实现了实时智能配送，并为50万骑手配备了语音播报系统，还建立了2.5亿用户的精准用户画像等，将各种信息技术的价值几乎发挥到极致，用户在家中就可以快速地品尝各种美食。

而随着5G技术的面世，将会给新零售的发展带来更好的发展空间，使新零售为用户提供更加智能化、个性化的服务。在未来，信息技术将会不断地发展，而每一项技术的变革都将为新零售赋予发展的新动力，这传达出科技赋能将是新零售发展趋势之一。

四、全渠道营销

传统电商的营销往往只专注与线上渠道，而实体店只专注与线下渠道，而新零售不仅注重单纯的线上与线下渠道，还重视社交渠道、多种形式的组合渠道，这将会促进新零售的全渠道营销的发展，使零售企业获得更多的收益来源。

"全程""全面""全线"是全渠道营销的三个特点。"全程"要求零售企业需要在关键节点与用户保持接触；"全面"要求零售企业准确掌握用户的消费心理与习惯，与用户及时互动，了解用户在消费的各个节点的决策；"全线"是通过多线宣传、销售渠道与用户产生联系，如卖场推广渠道、广告宣传渠道、节日活动等。

通过对这三个特征的强化，实现将产品融入用户的各种生活场景之中，在最大程度上增加用户流量，增加用户的购买率。

"一个人的尊严从填饱肚子开始，一家企业的尊严由获得收益开始"，获得收益是企业生存与发展的基石，而多渠道的营销可以扩大零售企业的收益来源。因此，追求多渠道营销是新零售发展的必然趋势。

五、社交引流，新零售向社交新零售发展

随着互联网技术的不断发展，人们的社交成本降低，社交形式也展现出多样化的特征，社交话题也更为丰富。零售企业发现了社交之中隐藏的商机，开始通过社交来实现引流的目的。

如今最常见的就是通过社交软件引流。商家在研发出新产品后，就会在微博等社交平台上制造话题，进入预热阶段，让用户感到新奇，自愿转发、评论产品的宣传微博，让用户将这个话题作为闲聊时的话题，从而在用户的社交的行为之中，增加产品的话题性与社交性，获得更多用户的关注，实现引流的目的。

有许多实体店，通过提供更加优质的服务，提升用户的体验，来增加自身的社交属性。例如，悦诗风吟作为美妆品牌店，在店内还开设休息区，提供甜品、饮料等。通过多元素的组合，使用户能够在一家店里体验到多种服务，不仅满足消费需求，还可以享受生活的美好。当一个用户在体验之后，认为服务很好，于是在社交时就会分享给其他用户。这样"一传十，十传百"，就可以吸引大量的流量。

例如，知乎上面有许多问题回答者，在回答问题的末尾，会附上"如果需要了解更多的方法与建议，请扫描以下二维码关注公众号"的语句。这就是在通过问答这一社交行为进行软文引流。

社交引流是新零售发展的最为核心的发展趋势，将会促进新零售想社交新零售发展，为零售企业带来新的机遇与挑战。

前四种趋势几乎都是以用户为核心，并通过创新来吸引流量，其本质就在为第五种发展趋势做准备。一家零售企业提供线下与线上升级体验与智能化、便捷的服务，与用户实现情感上的共鸣，通过多渠道销售产品，都是在想方设法吸引流量，增强产品与服务本身的话题性，让用户在聊天的过程之中，帮助产品做宣传，提升用户转化率。

在新零售时代，对于零售企业而言最可怕的就是思维定式，墨守成规，不愿创新。而新零售发展的五大趋势要求各零售企业要走向创新与变革，顺势而为，方能寻得新出路。

正所谓"变则通，通则存，存则强"，这是各个零售企业在进入新零售风口的必须牢记的法则，只有以用户为中心，顺应新零售发展趋势，促进用户的体验升级，才能获得更长远的发展。

社交＋零售不算是新事物，以至于在2018年的营销关键词中，"社交裂变"应该是权重最高的选项。

从直播答题的"撒币游戏"中，几家直播平台上演了"复活码"的运营策略，鼓励用户将复活码分享到微信、微博等社交网络，进而完成低成本的拉新。

紧接着是新世相、网易云课堂的在线课程，原本99元的付费课程，分享给好友后可以获得29元的分成，频频在一夜之间刷爆朋友圈……

如果社交裂变仅是在营销层面，吸引力无疑要大打折扣，但随后越来越多的人意识到：社交网络早已是线上最大的流量池，不只是拉新神器，在销售转化率上远比传统方式领先一个身位，并且已经在一些行业做出了示范。

在线下成本趋高、电商红利期已过的背景下，社交零售注定会成为话题的焦点。

只了解新零售未来趋势，而放弃对过去的了解，会使零售企业无法客观估量自身与市场的实际情况，从而出现实践层面上的偏差与错误。因此，在下节之中，我们将分析新零售从1.0到4.0的具体变革，具体了解新零售的过去、现在与未来。

1.2 从新零售 1.0 到新零售 4.0 的变革

2018年9月，星巴克与阿里巴巴强强联合，与阿里巴巴旗下的饿了么、淘宝、支付宝、天猫、口碑等多个业务线达成业务合作，让用户体验"随时随地一杯星巴克"的服务。

阿里巴巴旗下的饿了么为星巴克提供了较为成熟完备的物流配送体系与专业的外卖配送团队，为用户提供更加快捷的配送到家服务，以及与门店如出一辙的高品质体验。

除此之外，星巴克与盒马的合作以新零售配送体系为基础，创建星巴克外送厨房。这使星巴克将门店与"外送厨房"的新组合销售模式，在提升配送品质与范围的同时，为用户提供更优质的服务与体验。

星巴克与阿里巴巴、盒马的合作，打造了多渠道、跨平台、全空间融合的星巴克新零售智慧门店，全面突破了线上与线下的界限，打破了时空局限，与用户时刻保持联系。

不仅是星巴克，其他零售企业也商家也开始转移战略重点：加强"人、场、货"之间的交互，促进用户体验升级，实现社交新零售，这是拉开新零售4.0序幕的标志。那么促进新零售变革至4.0时代的驱动力是什么呢？

一、新零售变革的驱动力：消费变革

随着经济的不断发展，人们的消费需求从生存型转向为享受型，开始追逐品质消费与个性消费。而消费需求的变革也促进了新零售的产生与变革。

（一）转向品质消费的变革

社会生产力的提高，促使产品生产数量与生产种类不断增多，在市场上出现供大于求的情况。人们在满足基本的生存物质需求之后，开始转向追求高品质的消费，追求产品与服务更能给自身带来的体验。这促进了许多零售新业态的出现，满足了人们的经历变革的消费诉求。

这一消费变革使人们不再单单追求"价廉"，而是将消费目标转向为"物美"。这促使新零售时代零售企业与商家把消费的品质与产品体验变成产品的亮点与销售优势。

（二）个性化、多元化消费需求

伴随着品质消费的变革，人们的消费更偏向于个性化与多元化。如今，在互联网时代中成长的"80""90"后成为消费的主体，他们追求个性、产品的附加值，这使消费需求趋向多元化与个性化。

用户的消费动机也不再仅仅局限于生存，更多的是享受，产品品质、外观设计等都可以成为激发人们消费的动机。许多人在消费时，开始放弃逻辑，会因为"这个产品好漂亮""我好喜欢这个产品的颜色"等因素而购买某一产品。

除此之外，人们更愿意消费具有情感性与社交化的产品，特别是那些"有温度"的产品、个人定制的产品更能得到人们的青睐。

这种消费理念的变革促使了新零售时代的到来与变革，使市场需求呈现出社交化、个性化、多元化的特征。新零售时代的零售企业与商家在生产某类产品时，不仅要注重满足用户对产品功能上的诉求，还需要抓住用户的情感诉求，使用户与产品建立情感上的链接。

那么，这些消费变革又给新零售带来了怎样的、具体的变革呢？

二、新零售 1.0 时代：突破传统线下零售

新零售是对传统零售的突破，新零售的 1.0 时代以马云提出"新零售"

概念为开端，阿里也是这一时代的主角。

在 2016 年，阿里创建了新零售盒马生鲜，对"生鲜超市 + 餐饮"新业态进行实践探索，借助线下营销活动与手段吸引用户，用户通过线上下单消费，并由盒马生鲜配送的、具有断崖式创新意义的模式，紧抓"好"与"快"，在用户心中赢得口碑，这让阿里成为新零售的领先者与其他零售企业转向新零售的风向标。

在 2016 年，马云创立的新零售盒马鲜生发展迅速。仅仅两年时间，就已经在全国范围内开设了 100 家门店，这使阿里新零售具备高达 700 亿元的规模，并成为阿里在新零售领域之内的绝对优势。

新零售 1.0 时代首次将线上与线下联系起来，打破了网店与实体店的界限。通过线下营销扩展流量，用线上渠道完成订单交易，提高了零售企业的服务效率，使用户不必亲自到店就可享受到全新的消费体验。这是较于传统实体门店与线上网店的飞跃式进步，是新零售产生与萌芽的时代。

三、新零售 2.0 时代：以 O2O 连接线上与线下

新零售进入 2.0 时代，依旧以移动互联网时代的电商为主，线上平台与线下实体店相结合是其主要特征，通过 O2O 模式，利用线上带动线下的经营与消费。

在新零售 2.0 时代，线上平台的购物体系更加完善，支付方式更为多样，物流配送体系设备更加齐全，逐步将新零售时代的电商推入良好而稳定的发展状态。在此阶段，淘宝、天猫所属的阿里系不再一家独大，京东顺利崛起，几乎与淘宝、天猫齐名。

除此之外，淘宝、天猫、京东的成功也带动其他的各类型新零售电商的出现与成长，一时之间，新零售电商领域出现百花齐放、百家争鸣的局面。

各电商之间的竞争也开始进入白热化的厮杀阶段，为争夺流量使出百般手段与花样。

在此阶段，流量的价值愈发凸显，线上的流量也趋向高成本。特别是对于一些互联网App而言，流量成本攀升速度更快。各个电商也开始通过线下广告板、建立实体站点等方式来吸引新用户，增加流量（表1-1）。

表1-1 新零售1.0与2.0的区别

新零售1.0	新零售2.0
夯实基础	完善迭代
强调后台系统和架构完善	强调前端智能应用
关注网络协同，实现三通	关注大数据结合智能
单点突破单点试验	协同作战全面铺开
企业级的全面调整	样板店的小前端竞争
基于现有技术的实施	需要一段时间的技术发展、优化与实践

2.0的新零售时代与1.0相似，其重点依旧在线上流量，但线上流量整体上已经区域饱和，需要各个零售企业与电商转变策略，扩展流量的获取途径与方法，才能具备提升流量变现率与用户转化率的前提条件，而这一转变将会促使新零售2.0时代进化发展为3.0时代。

四、新零售3.0时代：重构"人、货、场"

3.0时代的新零售不再是简单的O2O模式，只用线上带动线下，而是实现线上与线下的双管齐下。在此阶段内，彻底颠覆了传统的线下实体店的概念，门店不仅是专卖产品的地点，更是承担着"仓库"的作用。实体店的概念之中被加入了"仓库"的概念。

作为仓库的实体门店被称为前置仓，当用户在线上购物时，可以采用就近原则，从与用户最近的前置仓（即实体门店）内发货，通过即时的物流体系送达到用户手中，用户在此过程之中还可以随时观察物流配送的实况。这种形式将重构"人、货、场"之间联系，加强"人与货""人与场""货与场"之间的交互。

在此阶段，实体店能够被定义为"仓库"，与物流体系的发展与升级密不可分。传统的物流体系都是以中心仓为核心，用户在提交订单后，会由商家统一从中心仓发货，在通过层层物流结构，由快递员配送至代收点或者用户手中。此种物流体系用时较长，送达时间一般在三天至一周之内。

而 3.0 时代的新零售物流体系已有了质的飞跃，因为前置仓的建立，使物流体系去中心化，拥有了同城配送的条件，能够提供"小时级"的配送服务。例如，声名鹊起的 7-11、全家等便利店，在线下建立多个站点，承担仓库的作用，通过线上接单，配合同城配送的物流体系，扩大了实体店的服务范围，有利于形成规模效应，为线下实体店赋能促活。

3.0 时代的新零售既为用户构建了到店体验的消费场景，也为用户提供了线上消费的渠道，并通过去中心化的同城"小时级"的物流配送体系，促使新零售完成从 2.0 到 3.0 的跃迁。

五、新零售 4.0 时代：智能化的"人、货、场"交互，转向社交新零售

基于计算机视觉系统，亚马逊开设了计算机智能收银的——Amazon Go，其智能收银技术是世界上最先进的购物技术，被称为"Just Walk Out"，意为"即拿即走"，这也是其便利特征所在。

客户只需要用手机扫描门口的二维码就可以进入 Amazon Go。在店内，客户的每一个行动都会被具有计算机视觉系统的 AI（即人工智能）感知。例如，客户拿起商品时，AI 将会自动地将这件商品放入客户的虚拟购物车之中；当客户将商品放回货架时，则会从虚拟购物车中移除。计算机视觉系统通过遍布全店的感应器、上百个摄像头，让 AI 可以准确地了解客户的购物活动，并为他们提供便捷化的服务。

Amazon Go 就是新零售进入 4.0 时代的具体表现。在 4.0 时代，新零售的重点将彻底转向为用户。利用大数据、物联网、AI、云计算等先进的信息技术为零售企业与商家赋能，为用户提供跨越时空局限的实时"在线"服务，提供全渠道消费场景。

在新零售的 4.0 时代，用户将能享受到更加智能化的服务与体验。例如，智能推荐的产品将会更加符合用户的喜好，还能根据用户的偏好提供私人定制的服务。物流体系也进一步发展，演变成为"分钟级"的即时配送，实现同城 30 ～ 60 min 的即时送达，满足用户"所想即所得，所得即所爱"的消费愿望。

除此之外，在新零售 4.0 时代，随着"人、货、场"的交互性的加强，新零售的社交属性也会大大加强。这主要源于零售企业与商家将"卖货"的基础点由单纯盈利转向为情感盈利。通过产品与用户建立更强的情感链接，满足用户的精神需求与心理诉求，这样更有利于扩大引流量，形成有"温度"的企业形象与魅力，获得忠实的用户，得到更加长远的发展。

新零售的 4.0 时代是社交新零售快速崛起的时代，有的零售企业与商家依托于社交平台的社交属性实现引流目的，有的通过社群裂变引流，有的通过内容分享引流等。社交新零售的形式虽然多样，但重点都在于引流变现。社交新零售是新零售的目前与未来的发展趋势，也是未来零售企业与商家取胜的重要法宝。

　　有人曾说："新零售将是达康书记 GDP 的新增长点"，从新零售的变革历程来看，这几句话并不是空穴来风，而是对未来发展趋势的预料。许多人认为社交新零售很有可能会成为新零售下一次变革的重要的主要方向，这又是为何呢？这就需要我们从社交与流量的关系开始分析。

　　社交在零售环节中的使命是连接用户，社交新零售有三种模式：一是购物助手，即为顾客提供商品、活动信息，以及便利服务；二是话题专家，组建高黏性移动社群，发布高质量的内容；三是私人伙伴，给予消费者私密专属的社交体验。

　　其中的关键词是互动、价值创造和场景，社交的价值在于零售商和用户的沟通渠道，不同的品类和品牌找到不同的服务场景，本质上则是为用户创造价值。

1.3　有人就有社交，社交带来流量

有人的地方就有江湖，有人的地方就有社交。婴儿诞生时发出的第一声叫喊，就预示着他已经进入到社交之中，开始与世界的人、事、物产生真实的交际。在死亡之后，也还会有亲人、朋友怀念，让他们产生交集。一个人从出生到死亡都无法从社交之中脱离出来。正如马克思所言："人是各种社会关系的总和"，人天生就具备社交属性，是群居动物。

随着信息通信技术的发展，也加强了人们之间的社交。在古代"我寄愁心与明月，随风直到夜郎西"的情况似乎是常态，而如今只需要通过微信、QQ 等社交软件，就能表达自己的心意。社交属性的加强，不仅促进了人们生活方式的改变，还使消费方式发生了改变。这些改变为新零售萌芽与发展提供了机会，最终促使新零售走向社交新零售的方向。

前几年依托微信扑圈而火爆的微商昭示着"以人为中心"已经成了时代的新主题，这给新零售提供了发展新思路：有人就有社交，而社交会带来流量，新零售也可以依托社交发展。

在 2018 年 2 月，一款名为"礼物说"的微信小程序开始内测。这一款小程序可以直接送礼物，就像微信红包一样，其用户的主要定位为中产阶级。

在礼物说中，用户可以根据自己的情况，在商城之中挑选 20 元至上千元的礼物，通过发红包、配祝福语的方式送给微信好友。而获得赠礼的好友，不仅可以体验拆红包的快乐，也会收到实体礼物。对于大部分用户而言，绝对是一个新奇的体验（图 1-2）。

图 1-2　礼物说界面

　　礼物说凭借新颖的方式，依托与微信社交平台，获得了巨大的流量，在短短两个月之内就积累了大量的原始且忠实的用户。据数据显示：2018 年 4 月底，该小程序已经获得了 100 多万普通用户，其中有超过 5000 名的高端忠实用户，在 5 月用户的留存率达到 26%。130 元是普通用户客单价的平均水平，而高端用户甚至达到了每单 350 元。这可谓是一个极为辉煌的成绩。

　　礼物说为何在兴起之初就能获得如此巨大的成就？微信平台功不可没。据数据显示，微信的月活跃用户在 2018 年 1 月成功突破 4 亿大关，其用户的渗透率高达 43.9%。微信的使用用户越多，社交行为就越多，微信本身带有的流量就越庞大。

而礼物说就是抓住了微信的强社交性，将微信的流量引入到小程序之中，成功获取了大量用户。中国自古就是礼仪之邦，十分重视"送礼"这一社交行为。因此社交性质的平台与自身属性成就了礼物说的辉煌。

从礼物说的成功之中我们可以了解到：有人的地方就有社交，有社交就会有流量，特别是微信这一类以社交为核心的平台。

人、社交与流量之间的紧密联系在传统的零售行业也有所显现。例如，开设传统实体店，在选址时往往会选择地段佳、人流量多的街道；而网店的则会以一些噱头来吸引用户的关注。

究其原因，就是为了吸引更多的用户的关注，实现"广撒网，多捞鱼"，在众多关注的用户之中，总有一部分用户会购买产品，从而提高店铺的销售业绩。换言之，一切就是为了引流。而社交本身就自带入流量。

早在纯电商时代，人们就看中了社交引流这一行动之中的价值。在淘宝兴起之后，各种提供淘宝优惠券的群体也开始出现在大众眼前。各种微信群与QQ群的群主每天都会发送淘宝产品的优惠券，让一人买过之后，发现用优惠券更加实惠，就会向周围的朋友、亲戚推荐这件产品。这形成了早期的社交零售。

通过上述内容，我们可以了解到，社交、产品与流量的关系，即社交为产品带来流量，提升产品的销售量。这三者之间的具体联系如下。

（一）流量是交易的前身

人代表了流量，使社交成为了交易的前身，这是人对于社交新零售而言最重要的意义。通过人的社交，促进新零售的发展，通过社交平台的主要阵地，使零售品牌与用户之间迅速建交，并产生更加深刻的联系，最终促进产品销量的提升。

（二）社交带来的流量共享

在这一过程之中，"共享"是社交新零售中出现频次较高的词汇。用户在网上浏览信息、发表观点，甚至只是点赞、分享等简单的社交行为，都会成为互联网中的一个数据流量。除非能够脱离互联网时代，但这显然是绝无可能的，而用户产生的数据流量将会在网上被共享。

例如，你在网上准备购买一件新衣服，系统将会根据你以前的消费偏好来推荐衣服，还会根据与你相似的用户的消费偏好来进行推荐。这就是流量共享的一种表现形式，达到为某一类产品引流的目的。

另一种用户与用户之间的社交流量共享，即由用户担任推荐产品的角色，为某一产品引流。例如，目前在抖音上大火的李佳琦凭借对口红的评测、推荐，而一跃成为带货一哥。在2019年的618大促中，他推荐的资生堂红腰子精华创造了3分钟卖出5000单的辉煌成绩。为何推荐的效果如此明显？

这就是社交的魅力所在，李佳琦在抖音上极会扮演着意见领袖者的角色，当他说某款产品很好用时，许多用户认为他都推荐了，看来值得一用。通过社交的信息交流与共享，使其他的用户注意到某一产品，从而增加购买的概率。

社交新零售是品牌商和零售商从内容质量差、功利性强、缺乏个性关怀等痛点中跳出来，过渡到与用户建立良好互动、提升社交黏性上。

可以归结为四个举措：深挖目标客群，准确把握品牌相关的场景落位；有效的内容管理，不断进行差异化、个性化裂变；规范化互动运营，自然完成导流、转化和推荐；建立顾客运营中枢，打造专业化团队。言外之意，传统的微商模式已经行不通了，需要的是场景化、精细化的运营。

有人的地方就有社交，有社交就会有流量，这为新零售的发展提供了一个全新的方向，即社交新零售，依托社交实现引流，从而增加销售额，获取更多利润。接下来，我们将一起探索社交新零售究竟是什么？

1.4　什么是社交新零售？

良品铺子在微博、微信发动投票，邀请粉丝共同投票定制一款零食。其产品经理"欢爷"认为："只有粉丝自己才了解自己想要什么。"于是，良品铺子将这款零食交由粉丝全权负责。

"来往饼"是粉丝投票产生的结果，其内外包装、克重、周边赠品、定价等，几乎全部内容都由粉丝决定。这样的过程不仅保证了产品能够满足粉丝的需求，让粉丝对来往饼产生认同感与归属感。在提升良品铺子人气与品牌形象的同时，还提升了销量。

除此之外，良品铺子来往饼还助力华科十大歌手大赛，让上千名学生在来往饼上留下对学校、同学的祝福，倾诉自己的情感。在此，来往饼不再仅仅是一款零食，而且还是承载着上千名学生情感的载体。这一项赞助使良品铺子的形象变得更加温暖，让用户主动帮助良品铺子进行宣传。

良品铺子这一圈粉举措就是社交新零售的表现形式之一。在2015年出现的良品铺子来往饼，可以算得上是社交新零售概念提出的现实基础。通过来往饼的案例，可以帮助我们理解社交新零售中的一点：用户不再是单纯的用户，也更是产品的宣传者、推广者，更是利益的分享者。

通过上述案例，我们已经对社交新零售已经有了一个模糊的概念，在此基础上我们将从定义层面去解析"什么是社交新零售？"

一、从社交新零售的定义来理解

社交新零售由社交与新零售两个部分组成，了解这两个部分是了解社交新零售的前提。社交，顾名思义就是"社会中人与人的交际往来"，其具体的定义为："人们运用一定的方式或者工具传递信息、交流思想，以达到某种目的的社会各项活动。"

新零售的广泛定义是有阿里巴巴研究院提出的，即"以用户体验为中心的数据驱动的泛零售模式"。其更加具体的定义为：零售企业依托互联网，围绕用户体验与需求，通过云计算、大数据、AI等先进信息技术的运用，促进产业链实现升级改造，并高度融合线上线下渠道的零售新模式。

社交新零售就是社交与新零售的结合体，更是新零售的升级。社交新零售的定义不仅包含新零售的定义，还包含新增的运用社交渠道进行推广与销售的版块，以及资源整合的版块。

社交新零售模式之中，通过资源整合，用户不再是单纯的用户，零售企业的角色也不再单一，许多零售企业或者商家将会成为整个产品链的一部分。

其具体的定义可以阐述为：零售企业以用户体验与需求为核心，通过云计算、大数据、AI等先进信息技术的运用，整合资源，并高度融合线上线下渠道，实现产业链与需求链升级的零售新模式。

在明确了社交新零售的定义走之后，还需要了解其特征，才能对其有一个全面的、深刻的了解。社交新零售的特点主要如下。

二、社交新零售的4大特征

（一）重视"人"

有人才有社交，有社交才有流量，因此人是社交新零售的核心所在。零售企业所有有关社交新零售的战略、计划的落脚点都应该是用户的需求与体验，并且策略与计划还需要具备独特性、可操作性以及交互性，这三者缺一不可。

独特性就是在表现在社交互动方式上的新颖与独特。可操作性是最易实现的，例如在一个300人的微信群随便发一条分享链接十分简单，但没有互动，没有社交红利，使用户的转化率与购买率极低，最终也无法使企业获得收益。

交互性要求零售企业应该紧抓用户的痛点，通过多样化的渠道与用户持续保持交流互动，并及时的发掘用户的潜在痛点与需求。例如，零售企业可以在中秋节，给前500名下单的用户赠送月饼；根据用户的数据，在其生日发送生日祝福与生日优惠券；还可以建立用户粉丝群，定时为用户发送福利等，都是与用户互动的好方法。

只有能够挑起用户情感与消费欲望的互动才是真实有效的，才能够增加用户的黏性，促进社交新零售的开展，为用户提供更优质的体验。

零售企业只有将社交新零售的策略与计划的独特性、可操作性以及交互性真正落地，才能真正地实现对"人"的重视，以用户为核心，促进企业的发展。

（二）提供"货"

"货"既代表着具有使用价值的产品，也包括优质的服务，对用户做到单品与库存的透明。提供"货"即是：通过用户的个性化、多样化的需求，细分需求市场，将用户的价值充分发挥，从而为用户提供高度融合的产品＋服务。

（三）创造"场"

创造"场"就是打造线上与线下相结合的消费场景，与用户在线上与线下实现深度交互。借此不仅能够为用户提供个性化的服务，还能在用户心中形成良好的品牌效应。

（四）构建"圈"

"圈"指代的是供应链，构建"圈"就是通过供应链的优化打造"商业共享经济"。这不仅需要各个零售企业与商家相互合作、共享资源，还可以使用户参与到产品的供应链之中，充分发挥用户的价值。例如，上文提及的良品铺子来往饼就是通过用户构建"圈"的具体表现。这不仅更能使商家与商家实现共赢，还能让商家与用户实现共赢。

社交新零售的定义与特征，只能让我们对它的了解不再停留在表面，但还无法达到深度了解的程度。要深度了解社交新零售，就需要先了解社交的本质，从而通过社交的本质出发，以一种全新的角度去看待社交新零售。

1.5 你不优秀，认识谁都没用：社交的核心本质是互惠

假设某一天，你突然获得了马云、王健林等各位电商领航者的私人联系方式，你会和他们谈论什么？也许有的人会因为自身不够优秀而不敢与他们交谈，或许还有些人能壮起胆子与他们侃侃而谈，但却发现自己无法跟上他们的思维。这样能与他们成为朋友吗？

答案大概是"不能"。正所谓"物以类聚，人以群分"，他们都是优秀的人，自然更加愿意去和优秀的人交谈合作。你不优秀，认识谁都没用。

一、你不优秀，认识谁都没用

我曾经有一个朋友小李，能力平平，偶然间与某企业的总经理相识，互相加微信好友、留了联系电话。某次小李负责的一个项目出现了问题，于是寻求这位总经理的帮助。小李在微信上发消息，没收到回复，于是打电话过去，结果这位总经理只说了"没空"就挂掉了电话。

小李不够优秀，即使与其他优秀的人相识，也无法获得有效的人脉，这其实就是人性中的一部分。社交的核心本质就是价值层面上的互惠。

对于没有价值的交往，有的人也许还会和你逢场作戏，但更多优秀的人不愿意将宝贵的时间与精力花费在如此无意义的事件之上。

人脉、社会关系一直都是我国社交的重点，礼尚往来自古就是我国的传统美德。这样的大环境催生了"人脉决定论"，在潜移默化之中，让我们觉得人脉比自身能力更加重要。

你是否想过，即使你认识了一个很优秀的朋友，他愿意帮你，为你提

供资源、平台与方法，但可能也无法获得成功。你发现自身的能力不够，即使有资源也无法合理配置；即使有平台，却没有拿得出手的本领；即使有方法，也不敢去尝试。即使有贵人相助、有机会，也无法突破自身能力短板的约束。

对于个人来说，将能力视为"1"，那么人脉就是"0"。如果没有"1"，有再多的"0"也毫无用处。因此"自身不优秀，认识谁都没用"还是具备几分道理的，因为你不具备吸引优秀的人的价值，无法实现互惠，也无法抓住他们提供的机会。

二、社交互惠不是价值的等价交换

也许你会有疑问，那些无比厉害的人物也有普通朋友，他们之间并没有存在可以等价交换的价值，这是为何呢？

根据吸引力法则，思想集中在某一领域的时候，跟这个领域相关的人、事、物就会被他吸引而来。因此，等价交换的价值不仅与身份地位有关，更与思想与精神层面的共性有关。身份地位的相似，能够使这类人进入同一个圈子；而精神与思想的共性，会让人们形成一个外人无法融入的圈子。

在古代有"门当户对"之说，有许多人认为这是无稽之谈，但这种说法依旧流传至今，能够经得起时间的检验，可见其中还是有几分道理。人的家庭背景与成长环境会在潜移默化之中影响人的生活方式、价值观、思想。如果人与人之间的家庭与成长环境相差过大，其价值观与思想就很难有相同的频率。如今，越来越多的年轻人认为朋友是建立在相似的三观之上的。

由此可以看出，优秀的人会根据共性来发现与其相似的优秀的人，与他们做朋友，进行价值交换。社交互惠并不一定需要价值上的等价交换，或者是发生在两个能力相当的两个人之间。

每一个人的需求点都有差异，也许有人并不需要价值的等价交换，而需要精神上的沟通与价值观方面的认可。因此，需求的共赢点与价值观的共性是实现社交互惠的关键点。

三、社交互惠也是社交新零售运行的核心

"你不优秀，认识谁都没用""社交的核心本质是互惠"对于社交新零售而言，同样适用。如果零售企业的产品不具备优质、有创意的特点，提供的服务也差强人意，那样就无法获得用户的赏识。即使是名牌，有许多大咖在各种社交平台宣传，最终也会有许多用户不会买账。

社交新零售需要用户自愿作为产品或服务的宣传者，如果用户无法从产品与服务之中获得收益，就不会去宣传。这种收益既可以是实质收益，也可以是精神与心理上的收益。

例如，某用户转发某产品的宣传信息，就可以参与抽奖，有机会获得现金红包或者免费领取某中产品或免费体验某项服务。再如，用户宣传六神风味的 RIO 鸡尾酒，就是因为用户可以从中获得惊奇感，想将这种新奇的体验分享给他人，从而满足了用户追求新奇事物的精神需求与心理需求。

用户在社交平台上分享产品，不仅可以获得收益，还会让更多的人了解其分享的产品，为该产品带来流量，从而提升产品的销售量。这使用户与零售企业实现双赢互惠。

社交的核心本质是互惠，人脉与能力齐抓，才能抓住机遇。社交新零售的核心本质也是互惠，重视用户收益，才会带来更多流量，带动零售企业的发展。

1.6 邓巴数字：你最多只能有 150 个朋友

你的朋友圈有多少人？几十、几百还是几千个？他们都是你的朋友吗？

随着网络通信技术的发展，拉近了人与人之间的距离，随时都可以见面，这使人们的朋友圈人数越来越多，但真正需要帮助时，这里面有多少是愿意帮助你的朋友呢？

网红 papi 酱曾经拍过这样一条短视频：papi 酱发现自己沉迷手机，于是决定远离手机，要去发现生活的美好。等放下手机之后，突然间发现自己身边没有朋友，没有有趣的事情，生活更加不美好。最后得出还是手机好玩的结论。网友纷纷表示同有其感。即使朋友圈里有上百上千个好友，但能够敞开心扉的朋友却没有几个。那么，人们在大多数情况下，可以拥有多少个朋友呢？

一、邓巴数字，有效社交数量的限制

虽然互联网能够增加好友的数量，但并不会增加质量。英国牛津大学的进化人类学教授罗宾·邓巴通过对黑猩猩进行研究，发现"灵长类的动物社会群体的大小，影响了个体大脑的大小"。在此研究结果之上，邓巴进行了合理的推测，即"人类社会群体的规模为 150 人左右"。

150 人是人类大脑能够处理朋友的数量，这种处理不是浅显的，而是你能够准确地了解与每个人之间的具体关系，以及他们与其他人之间的关系，对他们有一个全面且深刻了解。

为了证明"150"这一数字的准确性，邓巴与人类学家希尔，开始对具有代表性的社交行为，即对寄圣诞卡的行为进行研究。在当时，社交网络

还未诞生，寄圣诞卡是英国人十分重视的社交行为。寄圣诞卡需要了解对方的地址，还要外出买卡、信封与邮票，精心写上自己的祝福语，然后再寄出去，过程比较麻烦。因此，英国人一般不会给无关紧要的人寄圣诞卡。

邓巴与希尔通过研究发现，25%的圣诞卡寄给了亲人，67%的圣诞卡片寄给了朋友，剩下的8%寄给了同事。其中，所有收到圣诞卡片的家庭人口总和的平均数为153.5人。这为邓巴的推测提供了支撑数据。

邓巴还发现以150个左右的个体组成的群体在社会之中十分常见。例如，狩猎采集时期的团队一般由150人组成；在军队之中，最小的单位"连"基本上也是150人。

就连曾经在网络上炒的火热的Gore-Tex的生产企业——戈尔公司，采用的办公结构都与150人相关。当某个部门的员工超过150人时，就会将员工分为两拨，一拨留在原办公室，另一拨搬进新办公室。

从邓巴的实验研究与社会实情的研究，我们可以了解到"似乎能与我们保持关系的个体数量存在认知上的限制"，能与我们进行有效社交的人数限制在150人左右。人对朋友的认知数量是有限制的，这种限制是一种普遍规律。当然，宅男、宅女这两类人并不适用这一规律。

综上所述，文明程度虽然发展的越来越高，但人类的社交数量限制依旧存在，对于普通人而言，"150"似乎是一种无法突破的极限。

二、邓巴数字能被扩大吗？

那么这些邓巴数字是否可以被打破呢？

有人曾经质疑过邓巴的数据，但是邓巴回应说："即使你可以在社交平台上添加很多人，但实际上你大部分时间都在和少数人聊天。"从根本出发，一个人在交友层面的记忆上限是150人，这是自然选择的上限。如果超出这个范围，大脑就会进行信息筛选，与其中的部分人之间的联系变淡。

基于邓巴数字建立的 Path 公司可以更加佐证邓巴数字的可靠性。在 Path 上，每一个用户的好友人数限制设置为 150 人。用户可以发布照片，互相评论，还可以搜索其他用户的信息，甚至还可以了解好友圈里的人何时睡觉、何时起床。其创始人莫林说："因为使用邓巴数字控制了用户社交的人数规模，使 Path 的日活跃用户数量达到了理想状态。"

Path 的成功，向我们表明 150 人的限制是真实存在的，通过把握这项规则，可以与企业平台的管理结合起来，促进用户之间的有效社交。

当然，邓巴实际上不止提出了"150"这一个数字，他还认为在这 150 人之中，有 50 人是可以被称为好朋友的存在，是可以邀请参加聚餐的人；人们可以拥有 15 个可以依赖与信任的真正的朋友。

但邓巴并不排除人人可以在社交生活之中重新设定社交限制的情况。在采集狩猎型社会之中，大洋洲与非洲土著居民集体在外过夜的规模为 50 人，部落中的一个宗族一般有 150 人，而一个部落的平均人数有 1500 人，这些数字成三倍地进行增长，具体原因不明。

人类学家拉塞尔·伯纳德与网络科学家彼得·基尔沃斯经过研究后发现，社交网络人数的均值为 291 人。

卡梅伦·马尔洛是一位社会学家兼 Facebook 数据科学团队负责人，他表示：在工作之中仍然会谈到邓巴数字，因为这是处理人际关系数据的有利框架。Asana 公司的创始人莫斯科维茨和罗森斯坦则表示他们正在试图扩大邓巴数字。

综上所述，邓巴数字只是对自然规则与限制的一个描述，是对社会普遍情况的一个总结。虽然邓巴数字有可能会被扩大，但依旧是人际关系数量的一个重要限制。

三、邓巴数字对社交新零售的影响

社交新零售的重点在与社交，因此描述社交限制的邓巴数字也将会给社交新零售带来影响。

例如，一个用户在发现某一产品十分好用时，将该产品在朋友圈里推荐给他人。假设该用户的朋友圈人数有600人，但可能只会有150人左右真正去看他推荐的产品，其他人甚至都不会看这条推荐信息。在这150人中，可能只有50人愿意去了解这个产品，都是你真正会购买这个产品的人可能只有15人或者更少。

在去制定相关的用户引流方案，需要充分考虑到邓巴数字的影响，做到有的放矢。避免出现引流规模大，但引流质量低的情况。

邓巴数字虽然在一定程度上限制了社交新零售的社交引流的规模，但提升了引流的质量，这促进新在用户在"强关系"范围内的有效引流。何为"强关系"？与"强关系"对应的是否是"弱关系"？我们将在下节之中一一解答。

1.7 从"弱关系"到"强关系"

什么是"强关系"？曾经热播过的日剧《东京白日梦女子》中的三位女主人公的关系，似乎就是这个问题的答案。

在剧中，三个女生是好闺蜜，从小城市来到东京打拼。不仅在事业之上她们是共同进退的好姐妹，在情感上也保持同步。她们在相亲上的认知上达成了一致，一起嘲笑希望通过相亲找到另一半的朋友；甚至还嘲笑朋友的老公的外貌。但她们达到而立之年时，也只能通过相亲活动寻找伴侣，却发现男性都会选择 20 几岁的女性。

剧中的男主一针见血地指出："你们三个成天待在一起，只知道聚会、喝酒、做白日梦，爱情、婚姻没有进展完全是咎由自取！"

从男主的言语之中我们可以了解到真相，因为她们三人之间的强关系，阻碍了各自的恋爱。他们之间这种稳定的、不易改变的关系就是强关系的一种。

一、强关系与弱关系的内涵

美国的坦福大学教授马克·格兰诺维特专门研究了人际关系，并对"强关系"与"弱关系"进行了描述。

十分稳定，但传播范围有限的社会关系就是强关系，例如与亲人之间的关系。弱关系就是比强关系更加灵活广泛的社会关系。许多人可能会认为，与个人工作、事业关联密切的社会关系是强关系，但马克·格兰诺维特教授通过对利用关系找工作的 100 人的调查，发现这是弱关系的一种。

100 个找工作的人中，有 54 人是通过个人关系获得工作的。图 1-3 是这 54 个人与他们所找的关系的联系频率。

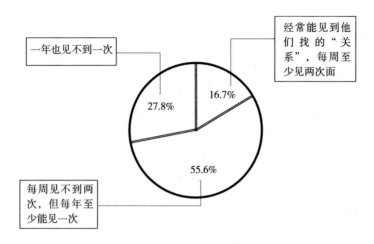

图 1-3　利用关系找工作的 54 个人与他们所找的关系的联系频率

动用关系找工作的 54 个人与他们所找的关系并不稳定，见面次数屈指可数，这是弱关系的一种表现。但这种弱关系虽然不具备强关系的稳定性，但传播速度快、成本低。

因此，弱关系的本质不与"人脉"挂钩，而在于信息的传播。例如，用户在网上浏览到一个信息之后，可以通过社交软件进行传播，能够让那些不关注这一类信息的用户也对这一信息有所了解。这种弱关系的传播加速了用户之间的信息流动。

但弱关系还可能带来信息冗余。例如，某一用户在社交软件上分享某一信息之后，还有其他用户也分享这一信息，但他们之间有共同的好友，这会使部分用户被迫反复"刷到"相同的信息，从而产生观看疲劳，进而对这一信息产生抵触厌恶的心理。

强关系的关键就在于稳定，但失去了弱关系的灵活性。例如，前文之中提到的日剧《东京白日梦女子》中的三姐妹，由于关系太过稳定，在内部形成了统一的认知，而无法获得其他新层面的认知，不能了解到她们不关注但有用的信息。

事物的属性会随着环境、场景的转变而发生变化。强关系的稳定性在以上情景之中表现出了负面作用，但对社交新零售却发挥着正面的作用。零售企业与用户建立强关系，可以获得最忠诚的用户，降低了用户流失的风险。

二、弱关系与强关系在社交新零售中的表现

（一）社交新零售中的弱关系

基于弱关系建立社交新零售，一般依托与微信、QQ等社交平台的社交属性实现传播，达到引流的目的。这不仅会减少构建社交新零售的成本，还能延长产品的生命周期。

例如，最早的美丽说、蘑菇街等就是以弱关系社交为主。这类社交新零售一般以一个有大量粉丝的团队或者个人为主体（我们可以称之为"达人"），在某个具有社交属性的平台上，向其粉丝推荐零售企业与商家的产品。

虽然这种弱关系模式可以为产品快速地带来流量，但没有在零售企业的产品与品牌与用户之间，建立更深刻的联系。用户是达人的粉丝，其兴趣与消费方向都是以达人的推荐为准，很难成为某一个品牌的忠诚用户。

因此，弱关系模式的本质与粉丝经济密不可分，在快速引流方面的效果十分明显，促进短时间销售额的提升。

（二）社交新零售中的强关系

社交新零售运用弱关系引流，而运用强关系增加用户的留存率。这种强关系模式的形式多样，例如分销、组织拼团等。我们以分销为例，来详细说明。

零售企业与商家进驻某一平台；在平台上忠诚的用户可以承担代销的角色，将代销的产品通过其他社交渠道推荐给好友。好友购买后，还可以退返佣金。

这种基于强关系的社交新零售模式可以形成一个稳定的产出——购买链，增强用户与品牌的联系，从而获得更多忠诚的用户。

三、从弱关系到强关系

社交新零售的弱关系能够快速为零售企业带来利益，而强关系可以为企业带来感情认同与价值认同。正如网络上流传的话："弱关系带来钱，强关系带来情感。"

社交的本质是与他人交往，加深情感，而不是为了圈钱。而社交新零售也不仅仅是为了促使零售企业获得更多的利润，更是为了陪伴用户，实现双赢。

经济基础决定上层建筑，用弱关系打造经济基础之后，再转战强关系，使用户产生情感依赖，与用户相处愉快，最终达到互利互惠的目的。

例如，给老用户定期发送福利；用户在购买产品时赠送新产品小样，并收集用户对新产品的建议等，都可以增加用户与产品品牌的互动，从而使用户愿意将产品分享到强关系的朋友圈内，实现互惠共赢。

弱关系与强关系的合理运用，是发展社交新零售不可缺少的一部分。由弱关系向强关系转变，是社交新零售的基本运行模式。在这个转变过程之中，就需要社交币充分发挥自身的价值，促进强关系的形成。

那么，社交币又是什么？

1.8 奖励人民币，不如奖励社交币

如果你有一个运气特别差的朋友，突然中了500万元。他在第一时间向你分享了这件事情，而且他并没有要求你要保密。此时，上帝出现并给你两个选择：其一为，你不将这件事告诉任何人，可以获得50元的奖励；其二为，你可以将这件事情告诉任何人，但不会获得任何奖励。

大部分人在听完这件事情之后，都会产生一种想要分享的欲望，会选择第二个选项。毕竟这在朋友圈内可算得上是一个大新闻，50元又算得了什么！

为什么会出现这种情况呢？

一、"社交币"的本质

曾有以为心理学家进行了如下实验：实验研究的对象是三明治分享，心理学家告诉参与实验的志愿者，在实验结束后可以获得报酬。如果志愿者什么都不做，可以增加25%的报酬；如果志愿者将分享自己对三明治的喜好，则酬劳不变。

实验结果出人意料，有许多志愿者放弃了多出的那25%的报酬，选择了分享。实验结论为：分享是人类的天生欲望，是不需要激励就会去做的事情，与睡觉、喝水一样。

沃顿商学院营销学教授Jonah Berger也提出了类似的观点：人们共享观点时的脑电波与获得食物与财宝的脑电波一样。这意味着分享是人必不可少的需求。

（一）社交币的含义

分享是人与生俱来的本能，与其用人民币去激发这种本能再现，还不如用足够的分享动机去诱发本能。为用户提供分享动机，就是奖励社交币。

上述场景中，大部分会选择分享拥有中了 500 万元的事情，主要是由于这件事情的概率十分小，让人觉得很惊奇、兴奋，从而产生了分享的动机。

社交币并不是真实存在的货币，而是能够引发用户羡慕、嫉妒、兴奋等情绪的内容，挥着使用户产生的分享动机。

（二）社交币的功能

曾经，可能会有人经常问你："你的 QQ 有几个太阳了？"这种场景来源于 QQ 的累积在线时长升级的功能设计。在那段时间里，几乎所有使用 QQ 的人都参与进来，疯狂地积累在线时间，从不下线。这是为何呢？

因为 QQ 等级升高，会让其他用户产生羡慕的情绪，而用户会享受到被他人羡慕，并产生兴奋感。这就是社交币的功能之一，也是能够激发用户分享的秘诀所在。社交币的主要功能如图 1-4 所示。

图 1-4 社交币的主要功能

社交币可以快速唤起用户分享的本能，让用户在不需要实质奖励的情况下自动分享产品，宣传信息。社交币是社交新零售发展不可或缺的因素之一。

二、奖励"人民币"的效用降低

在新零售营销之中，总会有这样的情况：

某餐厅新开张，若用户到店用餐，拍摄餐厅的照片发送到朋友圈，即可免费获得水果沙拉一份；某商家在粉丝群里发送新品信息，并附上"转发朋友圈，凭截图领5元现金红包"的说明；还有通过集赞获得优惠的……

以上方式都是通过实质的奖励，激励用户进行分享。但有时候，奖励不够大，有许多用户甚至懒得分享。如今，钱变得越来越不值钱，5元现金红包已经无法在用户心中掀起波澜，转发之后还要截屏、联系商家兑换红包，这让一些用户觉得十分麻烦，不愿再去分享。

另外，越来越多的人开始重视自己朋友圈的质量，不愿意因贪图小利发布广告，降低朋友圈的质量。一份水果沙拉也不贵，用户宁愿自己购买，也不愿意去分享。实质奖励的作用越来越小，零售企业如果不另寻出路，将会在社交新零售的发展过程之中逐步丧失竞争能力，最终泯然于众。

既然分享是一种本能，是一种不可避免的需求，与其利用实质利益去诱导用户分享，为何不直接创造分享动机，即奖励社交币，让用户主动分享呢？

三、奖励"人民币"转向奖励"社交币"

手机行业将社交币运用得炉火纯青，一直处于互联网话题的顶端。

在2018年一加6T的发布会上，刘作虎回来避免用户对"黑科技"产生疲劳，与手机宣传主流反向而行，提出了"无负担产品"，一针见血地指出手机行业通过无用的炫技而制造噱头的行为，赢得了用户的一致好评。

这一点成了一加6T的"社交币"，激起用户在社交圈内广泛分享，使一加6T在上市的22天之内，销售量就已经突破100万台。

在 2019 年，高通骁龙 845 的手机，包括小米 8、坚果 R1 等，都被卷入了大降价的浪潮之中；而一加 6T 却独善其身，可见其品质过硬，经得住市场的检验。这一亮点又成为了激励用户分享的"社交币"。

相比于人民币，社交币的成本更低，且效果更好。用利益连接的纽带会因利益的变化被斩断，但用社交币连接的纽带很难被斩断。

从一加 6T 的案例之中，我们可以了解提供社交币，需要考虑"想让用户分享的内容，如产品质量好等"，以及考虑"我们想让用户分享的内容，对用户有何帮助？"换言之，就是我们想让用户分享的信息，可以帮助用户完成哪些社交行为，以及达到哪些社交目的？

零售企业要想将社交币运用得炉火纯青，就需要了解用户的社交目的，这样才能有的放矢，更能针对用户的目的寻找能够激发用户分享的社交币。一般而言，人们的社交行为与社交目的分为以下 5 种类型。

（一）寻找同类

用户会寻找能够吸引他人交谈的话题，使自己避免不能融入他人交谈的情况，或者直接通过话题，成为谈话过程的主导者；或者寻找与自己想法以及价值观相似的用户。

（二）表达自我

用户有一种强烈的想要表达自我的想法的渴望；当自己的想法与他人产生差异时，甚至想要说服对方认可自己的观点与想法。

（三）帮助他人

用户会将自己觉得有用的信息分享给他人。

（四）塑造正面形象

在别人面前塑造一致性的形象。

（五）社会比较

　　每个人或多或少都会产生攀比心理。用户在分享新信息时，会产生一种"这个信息只有我最先知道"的优越感，从而会觉得自己在社会的隐形竞争中获胜。

　　根据用户的社交行为与目的，我们可以明确社交新零售中社交币的几大种类，如图1-5所示。

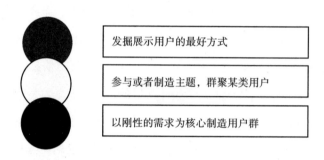

图1-5　社交新零售的三种类型的社交币

　　运用社交币引导用户分享产品信息的成本更低，能够使用户与产品品牌建立较为深刻的联系与互动，比单纯的运用人民币的效果要好上许多。奖励用户人民币，不如奖励社交币。

　　无社交，不成交，新零售的社交属性的加强，并转向为社交新零售是新零售发展的必然趋势。只要有人，就会带来流量，有流量才能达成交易，这是社交新零售发展的核心所在。而通过用户的社交实现引流，是开展社交新零售行动的重要途径。

　　社交电商算得上是社交新零售的集大成者，要了解社交新零售的引流模式与效果，就不可回避社交电商。接下来，我们将一起来揭开社交电商的神秘面纱，加深对社交新零售的了解。

第 2 章

"社交电商"：一场从 1
开始的社交裂变传播游戏

社交电商是社交新零售的产物，依托于社交平台增强自身的社交属性，通过熟人经济＋信任经济，使用户从"1"裂变至"100"，一路裂变无上限。在这场社交裂变的传播游戏之中，涌现出如小红书、拼多多等不同的社交电商，为传统零售的发展提供了新方向与新思路。

2.1 社交零售和社交电商的降维逻辑

国产科幻巨著《三体》广为人知，其中的故事感染了无数人，其中有关太阳系被毁灭的场景描述更是让人无法忘怀：

来自高级文明的歌者放出"二向箔"，使太阳系开始从三维位面转变成二维位面，太阳系中的任何生命都是三维立体的，无法生存在厚度为零的二维空间。太阳系的二维化带来的将是完全的毁灭。这就是"降维攻击"。

"降维攻击"不仅仅只存在于科幻小说之中，也存在于社交商业之中。要了解社交商业的"降维"，首先需要了解"社交商业的具体维度是什么"这一问题。

一、零售领域的商业维度

传统商业一般属于一维或者二维维度。处于一维维度一般只具备时间线，贯穿产品的生产与用户购买产品的过程。其商业模式就如图 2-1 所示。

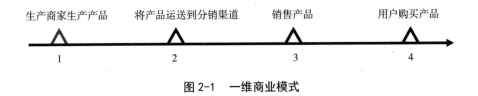

图 2-1 一维商业模式

与一维商业水平化的商业线相比，二维商业不仅具备时间，还发展出空间的概念。其具体的模型如图 2-2 所示。

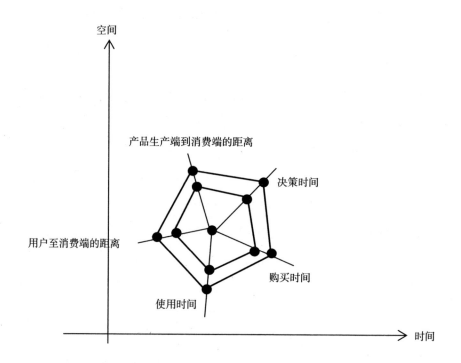

图 2-2　二维商业的时空模型

　　以上模式只是直观地表明了二维商业时间与空间概念之中的各个因子，但具体的时间与空间的变化，还需要结合实际情况来进行判断。例如，用户消费习惯与偏好的不同，会使时间轴上的各个因子的具体内容发生变化，即时间的长短发生变化。

　　在时间轴上，包括用户的消费决策时间与购买时间（多久可以买到产品），以及使用时间。对于传统的零售实体店而言，用户的产品使用时间与购买时间等同，用户在实体店购买产品，可以即买即用。

　　在空间轴上，包含用户的购买距离，即用户与买到的商品距离多远，这之中也包括从生产端到消费端的距离，也包含用户到具体售卖点（即用户至消费端）的距离。

除了传统实体店的商业模式处于二维维度之外，传统中心化的电商模式大部分依旧处于二维维度。但其两个维度之上的具体因子发生了变化。在时间轴上，依旧包括决策时间与购买时间与使用时间，但购买距离被边缘化，即购买距离＝使用时间＝物流时间＝物流距离。

因为在传统的中心化电商模式之中，用户只能根据物流显示的大致地址来得知产品与自身的距离，但这种距离感知是模糊的、不准确的。换言之，中心化的电商模式，用物流距离与物流时间取代了空间概念。

以上就是对二维商业之中有关时间与空间的理解。而三维商业则是强化一到两个维度的部分因子，并将这部分因子单独提出，组成一个新维度。换言之，三维商业模式可以发展成为立体、多维度模式。在商业维度的持续发展过程之中，逐步形成用户、产品品类、商家、平台与服务商五个维度。

二、新零售也社交新零售的维度差异

在传统的二维商业之中，便一直存在社交关系，例如实体店中店员与用户的关系。在零售百货业态之中，店员与用户的关系更为密切；在超市业态中，这种社交关系被货架的作用冲淡；在便利店业态之中，这种关系处于平衡状态。

在传统零售之中，店铺、店员与用户的社交关系，能够促进成交率、客单价、用户满意度与认同感的提升。但这种社交关系只存在于现实的产品与服务体验场景，用户一旦离开店铺，这种社交关系将会中断。对于用户消费频次降低的实体零售而言，如婚宴服务，这种社交关系更为淡薄，与用户之间的黏性不足，无法带动店铺业绩的提升。

归根到底，处于一维与二维维度的传统零售企业和商家，与用户之间的社交关系淡薄，且用户与用户之间没有建立社交关系，是一个扁平化的商业模型。而新零售时代，加强了店铺、店员与用户之间的社交关系，实现了维度的提升。用户、产品品类、商家、平台与服务商是其中主要的五个维度。各个维度通过互联网技术相互关联、相互影响，在产品生产端到用户端的过程之中，缩短了各个端点之间的时间与距离，从而为用户提供更为快捷的服务，促进用户的体验升级。

新零售将各个端点联系起来，并缩短各个端点之间的时间与距离，达到提升效率的目的。而社交新零售，则是通过社交平台，赋予零售企业社交属性，将一部分端点相融合，从根源上缩减时间与空间距离，从而提升服务效率，提升用户的消费体验。

三、新零售与社交新零售的降维逻辑

社交新零售的商业维度，是一个立体的且更趋向完美的商业模型。其降维逻辑就是通过强化低维度的某一维度的部分，忽略其他维度，实现降维打击。例如，在二维商业模式之中，强化时间维度，忽略空间维度，从而实现在与其他维度商业模式的竞争之中取得压制性的优势，得到快速发展的机会，实现降维攻击。

社交零售与社交电商的核心逻辑与传统的实体零售的差异并不明显，都是以建立用户与用户、商家、平台之间的社交关系为核心，从而提高客单价与用户的忠诚度、复购率。

拼多多的问世为传统的中心化的电商的发展提供了新思路，即转变为社交电商，通过加强平台与商家、用户之间的关系，实现销量的提升与扩展发展的空间。社交电商与社交相结合，让用户在社交行为与活动之中减

少决策时间与购买时间，并使用户在后续的社交过程之中积极主动地帮助商家与平台拉新引流，用最低的成本，实现社交裂变最终达到变现的目的。

拼多多的拼团模式只是促进用户与用户之间的社交行为的一种创新方式与社交工具。其他零售企业与商家也可以借助类似的社交工具，通过用户与用户之间的社交，实现高效的销售与低成本的交易。

除此之外，还可以通过社交关系，直接将用户转变为商家，让用户自己建立与其他用户之间的深度关系，从而实现变现的目的。例如，我们在后文之中分析的云集微店便是此种模式的衍生物。

无论是将电商与社交工具融合，还是直接将用户转变为商家，继续发展下线，都是通过加强用户维度的社交属性，使用用户的社交关系，缩短用户的决策、消费时间，从而实现降维打击的表现。

不仅如此，物联网等技术的发展以及物流体系的升级发展，在极大的程度之上，缩短了用户购买产品的决策时间、购买距离，物流时间与物流距离也在不断地压缩，这使用户能够更加快速地体验到更为便捷的服务。这样的降维逻辑使社交电商与社交零售相较于传统中心化电商更具发展优势与发展前景。

微信的发展也为社交电商与社交零售的降维打击创造了条件，依托于微信，用户可以更加快捷地利用已有的社交关系，促进去中心化的电商的发展。

在社交新零售时代之中，去中心化的社交电商对传统的零售与中心化电商的降维打击，为传统零售企业与商家的发展提供了转变的新思路与新方法。通过理解这种降维逻辑，实现向社交电商的转型，不仅可以降低引流成本，还可以提升用户的忠诚度与认同感。

综上所述，新兴的社交电商的降维逻辑为：开发社交工具，通过用户之间的社交关系，将用户转变为商家，缩短用户的决策、购买与使用时间，缩短物流时间、距离，实现高效、低成本的交易。

此种降维逻辑不仅帮助社交电商进行降维打击，还促使传统零售与电商的转型、升级。在成功实现降维打击之后，社交零售与社交电商依旧面临着挑战：如何保证目前的优势不被弱化？能否继续升维？如何通过创新提升用户转化为商家的数量，并激励用户继续转化？

迎接这些挑战，需要明确用户、平台等各个层面的目的。对于用户而言，高性价比与优质的服务依旧是他们的需求；对于社交平台而言，实现规模化的效益与获得庞大的用户数量是其目的；对于社交电商与社交零售自身而言，高效率、低成本是其追求。

社交电商与零售企业应该以这些需求与目的为基点，以其降维逻辑为思维方式的核心，不断调整心态，进行创新，在促进自身发展的同时，共同推进社交电商的可持续发展。接下来，我们将会去了解社交电商的本质，并从中找出社交电商迎接挑战的具体方法。

2.2 社交电商的本质：熟人经济＋信任经济

一夜之间，成都金堂美食老店成了公交站台上的"明星"，人们几乎都在为天府·金茂悦这个地产项目打广告，甚至刷遍了金堂人的朋友圈。这其中的缘由是什么呢？

天府·金茂悦的策划者们认为在金堂这样的县级城市之中，依然保留着中国传统的"小圈子社会"，即熟人社会的特征。于是天府·金茂悦选择了金堂熟人社会的缩影——金堂美食老店成为宣传的主要阵地。金堂美食老店遍布在金堂的各个角落，形成了一张无形、庞大的社会关系网，这使其宣传效果空前绝后。

天府·金茂悦通过改造老店，让这些老店成为自身的体验馆，让每一个进店的用户都体验到金茂的科技产品。例如，为老店换上终端净水系统、最新的消毒柜等。

金堂美食老店中赵记手撕烤兔老板表示，他家4代都是土生土长的金堂人，在这里基本上都是亲戚。通过这样的稳定的人际关系网，何愁用户不愿意宣传？

天府·金茂悦的成功与熟人社会密不可分，其成功经历向我们展示出通过熟人关系网宣传的绝佳优势与巨大号召力。熟人社会的关系稳定，互相信任，更能激发处于熟人关系网的用户购买产品。熟人经济与信任经济成为社交商业的重要的宣传、引流方式，也是社交电商的本质所在。

一、熟人经济的内涵

熟人经济，顾名思义就是与熟人进行交易。但社交电商的熟人经济比传统的熟人经济更加复杂，其关系链主要分为三个层次，并且与强关系与弱关系有相关关系。熟人经济的关系链的具体模型如图 2-3 所示。

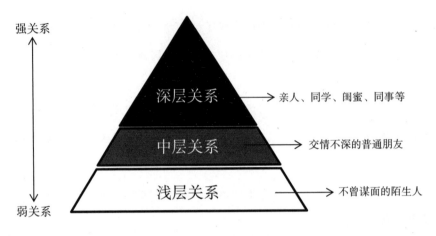

图 2-3　熟人经济关系链模型

　　在以上关系链中，中层与深层关系的交易量一般较多，浅层关系的交易一般较少。作为以熟人经济为核心的微商，也曾有过一段辉煌的岁月，但后来惨遭滑铁卢。如今，在大部分用户心中，微商似乎已经与三无产品等负面因素挂钩。

　　究其原因，就是微商在扩展好友列表的同时，没有与用户维系关系，已经跳出了"熟人经济"的范围，而是一种"刷脸经济"，或者是"颜值经济"。微商崩溃的源头并不完全是产品本身，更是熟人关系的崩溃。微商与用户之间的高黏度的强关系的消失，使微商转向"发展下级产品代理"的主要盈利模式，最终只能通过浅关系来维系与代理（用户）的脆弱关系。

　　从微商的发展史来看，熟人经济是一种真实存在的、并有稳定潜能的商业模式。用户在选择某买产品的地点时，所想无非是购买的产品更加便宜、更实惠以及更可靠。用户在购买商品时，往往会听取朋友、亲人的推荐与意见，这仍然属于熟人关系的逻辑范畴。

传统的熟人经济的优势在于：传播速度快、用户转化率高、用户信任度高；其劣势主要为：形成较大规模的难度大、交易风险高。而社交电商与熟人经济的结合，形成了一种全新的社交裂变模式，不仅使社交电商具备了传统熟人经济的优势，还会弱化劣势。社交电商的熟人经济的社交裂变模式如图 2-4 所示。

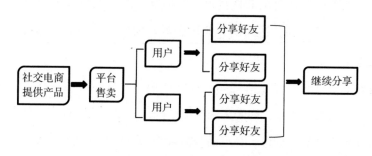

图 2-4　熟人经济下的社交电商裂变模式

社交电商，不仅可以依托于社交软件，还有大平台的支撑，可以形成规模效应；且每单交易都在平台上进行，保障了双方的利益，降低了交易风险。熟人经济与信任经济密不可分，了解熟人经济可以帮助我们更深刻地了解信任经济。

二、信任经济的内涵

信任经济就是通过影响力与人脉关系来驱动交易，与社交电商的熟人经济有相似之处，也有差异。其相似之处在与人脉关系的运用，即通过社交软件，如 QQ 群、微信朋友圈等进行分享、交易；不同之处在于影响力的来源不同。社交电商的熟人经济的影响力，主要依托于承担意见领袖角色的用户的影响力，而信任经济的影响力主要来源于大 V、达人、网红等。

社交电商的信任经济的重点在于促进社交关系的裂变。大 V 可以向粉丝推荐优质产品，达人可以以更加专业的角度去挑选适合其粉丝的产品；网红则可以快速增加产品的曝光率，实现引流目的。而对用户分享产品，就是通过人脉关系，拓宽产品的销售渠道，最终形成一个完整、交互性强的商业链。

社交电商的信任经济的优势也十分明显：大 V 与网红的宣传可以快速引流，更易打造爆品；达人的专业挑选可以增加用户的信任感与认可感；用户主动宣传，可以提升渠道拓宽的速度。

世界上不存在十全十美之物，社交电商的信任经济也存在劣势：对人脉与影响力的高度依赖，如果无法保证产品的质量、用户社交关系的裂变，将会造成用户的信任危机，为产品与品牌带来不可磨灭的负面影响。

三、社交电商应从本质出发，构建圈层电商，实现裂变

有许多人可能认为微博就是社交电商的一种，但严格意义上并不是。微博虽然聚集了数百万大小 V，用软文广告的形式来吸引用户的目光，实现引流，但没有达到社交电商的标准与效果。就连京东与微信联合打造的购物圈，也没有取得较大的进展。

而理想中的社交电商应该是：商家与用户、商家与商家、用户与用户之间，在交易前后、交易过程之中可以自由地进行交流与互动。这种高联系、高交互的社交电商光靠人脉与营销容易走进死胡同，还需要形成圈层。

圈层与社交软件上单纯的群组不同，而是形成一种圈子化的固定群体。在这个圈子之中，每一个用户都能够得到收获、凸显自身价值；在圈子里

传播的内容，也是有价值的，用户感兴趣的；用户的兴趣会促使圈子自动化运转与发展。

　　社交电商的本质是信任经济与熟人经济，这两种经济模式的结合会使社交电商需要通过社群圈子实现收益。虽然熟人经济与信任经济都存在一定的劣势，但能够有效地保证社交电商发展的圈子内部具有高黏性、高互动的特征，为社交电商提供源源不断的发展动力。

　　社交电商才刚刚进入风口，仍处于探索与兴起阶段，还有许多待开发的空间。社交电商如果被社交平台所局限，依赖微信、微博等社交软件获取流量，一着不慎就会跌落谷底。因此社交电商应该转变重心，降低对社交软件的依赖，其重心应放在用户内部的互动与分享，增强熟人经济与信任经济的优势，削弱劣势，才能释放更多的价值，提高用户的转化率，实现快速的社交裂变。

　　熟人经济与信任经济在社交中占据的比例不同，形成的社交电商模式也不同。占比越高，越容易形成强关系电商；反之，则更容易形成弱关系电商。

2.3 社交电商的两种模式：强关系电商与弱关系电商

有许多人会有这样的疑问：社交电商如今已经如此火爆，是否不久之后就会跟随传统电商的脚步，进入红利的消失阶段？

近几年，社交电商的规模在不断地扩大。从 2014 年到 2018 年，其市场规模就从 950.1 亿元一路攀升至 1.2 亿元，在 2019 年甚至会突破 2 亿元的大关。从相关数据可以看出，社交电商正处于快速上升的黄金时段，其红利期的消失的时间还无法预测，仍有十分巨大的拓展空间。

零售企业进入社交电商的风口，继续拓展社交电商的发展空间，首先就需要了解社交电商的运行模式。随着社交电商的发展，衍生出两种具有概括性质的社交电商模式：强关系电商与弱关系电商。

一、强关系社交电商模式

强关系电商顾名思义就是基于社交强关系形成的社交电商。这类社交电商往往依托社交平台或者渠道，来实现裂变式传播。其常用的社交平台有微信、QQ、微博等社交属性十分强悍的社交软件与平台。通过裂变，在延长产品的生命周期、增加产品的曝光度的同时，也提升了社交平台的活跃度。

强关系电商只是某一类社交电商模式的总称，包括个人社交电商模式与平台社交电商模式两种，还可以继续进行细分。

（一）个人模式

个人模式主要是借助微信朋友圈进行裂变传播的个人电商，即大众耳熟能详的微商，可以细分为个体微商与社群微商。个体微商以代购、代理为主要业务，其主要裂变渠道为微信朋友圈；社群微商中的用户是通过兴趣连接在一起，推广渠道主要为微信群。

个人模式的强关系社交电商模式的进入门槛低，成本低，不需要店铺经营、仓储管理、物流运输等成本。通常而言，只需要拥有一部手机和一个社交软件，就可以成为这种社交电商的一员。

微信作为主要的社交软件之一，在 2019 年第一季度，其用户数量已经突破 11 亿人，同比增长了 6.9%，且微信的用户数量依旧呈现出增长趋势。这意味着依托于微信的强关系社交电商具有庞大的潜在用户。微信本身自带的流量中的部分也将转化为个人社交电商的流量。

但个人模式缺乏专业的管理与运营，经常在朋友圈"刷屏"，微信平台就会出面整顿，对这些投放广告的个人社交电商进行施压，不利于其发展。除此之外，大部分个人社交电商不参与产品链，无法保障产品的质量，也没有正规销售渠道的证明，用户有很大可能会购买到三无产品。

微商在发展的过程之中，也逐步形成了多层分销代理模式，使产品都堆压在底层代理或者用户手中，分销模式开始扭曲，逐步发展成为畸形状态。此时，微商盈利来源不再是销售产品，而是靠寻找下一级代理赚取佣金，而最底层的代理与用户如果不招代理，就很难回本，成为上级代理收割的"韭菜"。

正是因为这些劣势与弊端使盛极一时的微商跌入谷底，让微商的发展一再受限。至今，人们在提起微商时，往往会联想到三无产品、欺骗等负面信息。

（二）平台模式

平台模式，主要是依托于平台建立的强弱关系社交电商的一种。与个人微商相比，其交易的风险低，能够保证产品的质量，协调供应链、仓管库存、物流、售后服务等环节的正常进行。其依靠的社交平台依旧以微信为主，并形成了两种模式，即分销模式与拼团模式。

　　分销模式的最大特点就是产品从生产端转向用户端。其具体的销售模式如图 2-5 所示。

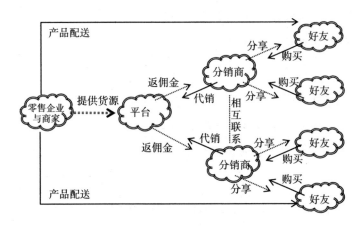

图 2-5　分销模式模型

　　分销模式之中，佣金的力量巨大，特别在多级分销中。如果用户在一位低等级的分销用户手中购买产品，不仅这位低等级的分销用户可以获得佣金，其多个上级分销用户也会获得佣金。这一模式使大量用户积极推荐、分享产品，发展下级分销用户。但由于其模式与传销的界限并不明确，无法明确其合法性。

　　对于用户而言，分销模式可以降低交易风险，用户购买商品都是直接通过平台交易，在一定程度上保障了产品的质量与销售渠道的正规性。平台提供了完善的仓储、物流等管理体系，使各级分销用户不必担心产品堆积的问题。

　　对于零售企业与商家而言，可以充分发挥每一个用户的价值，实现裂变传播、推广产品，获取庞大的流量；在掌握分销商信息的同时，还能加深对用户的了解。

对于平台而言，分销模式可以增加活跃度，增强目标用户的黏性，吸引更多的优质零售企业与商家前来合作，实现变现。

分销模式虽然在合法性上颇具争议，但对用户、零售企业与商家、平台而言，是"一箭三雕"的有效途径。

（三）拼团模式

拼团模式是一种多人购买的形式，价格低于用户单人购买的价格。其用户在支付产品费用后，将拼团信息通过微信、QQ等渠道分享给好友，邀请好友参与拼团，当参团好友人数达到参团标准时，就可以按优惠的价格获得商品。如果参团人数不达标，平台会将预先支付的费用原路退回。

拼团模式已经发展至较为成熟的阶段，并形成了多种参团方式，如抽奖团、秒杀团、团免团、超级团等，不同类型的拼团效用也存在差异，如表2-1所示。

表 2-1 不同类型拼团的运行方式与效用

拼团类型	运行方式	效用
抽奖团	多个用户每人支付产品的部分金额（1元左右），在达到团购标准之后，系统抽奖，中奖者获得产品，未中奖者支付的钱款将会原路退还	吸引具有赌博心理的用户，实现引流
秒杀团	在规定的时间内组团抢购某类低价产品，这类产品一般在几分钟之内就会被抢光	吸引追求价格便宜的用户
团免团	新用户会获得一张团长免单券，在卡券中点击此免单券即可进入商品列表，选中自己需要的商品后直接下单，此券可以抵用商品应付金额，免费开团，随后邀请好友参团。拼团成功后，开团人即可免费获得该产品	沉淀新用户，鼓励用户下第一单，提升某产品的销量
超级团	平台每天推出一款超低价精品团购，用户组团参与并支付，即可低价获得高质产品	增加用户活跃度，促活老用户，增加新用户

用户拼团能够获得更多的优惠，而用户拼团产生的裂变则可以提升产品的销量；用户拼团也会增加新用户，降低了流量获取成本。但拼团会降低开展优惠活动的社交电商的收益，有时甚至很难回本，从而使部分社交电商在产品上偷工减料，使用户体验变差。而有些平台对产品的监控把关松散，更是加剧了这一现象。

综上所述，强关系的社交电商能够快速实现裂变式传播，获得黏性较大的用户流量，获利情况较为客观。

二、弱关系社交电商模式

弱关系社交电商是基于弱关系成立的社交电商，是最早兴起的社交电商的一部分。其核心在于大 V、达人、网红等知名度较高的个人或者团体，主要依靠粉丝经济进行盈利。

社交平台为大 V、达人、网红等提供宣传平台，他们可以在平台上建立自己的粉丝社群，分享自己的购物心得或推荐好物，粉丝购买。其销售模式如图 2-6 所示。

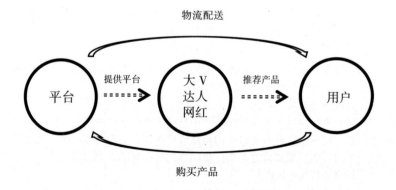

图 2-6　弱关系社交电商模式

粉丝社群中的用户是基于兴趣爱好聚集在一起的, 对大 V、达人、网红投放的广告的容忍度较高, 用户对他们的信任的较高, 促使用户的购买积极性提升。

弱关系社交电商的用户转化率高、转化速度快, 但此类电商平台的前身一般都是导购平台, 例如蘑菇街等, 产品种类相较于其他平台要少。

强关系社交电商与弱关系社交电商这两种社交电商模式皆是优与劣并存, 难分伯仲。在社交新零售发展的构成之中, 零售企业与社交电商只能从实际情况出发, 选择适用于自身的模式, 或者寻找到这两种模式的平衡点, 促进社交新零售发展到新的阶段。

在上述内容之中, 我们分析了强关系与弱关系社交电商的具体细分, 而基于这两种社交电商模式, 兴起了内容、分享、平台、社群社交电商。接下来我们将从实例出发, 具体分析这几种社交电商实现社交裂变的模式。

2.4 以小红书为代表的内容社交电商

在 2018 年，有一个频频上线各大平台热搜的综艺节目——《创造101》，几乎火遍大江南北。随时都会有人问："你 pick 哪个小姐姐？"这样的问题。水涨船头高，《创造 101》的火热不仅使"pick"一词成为人们口中的高频词汇，还将其赞助商——小红书推上了另一个发展的高潮。

据小红书官方发布的数据信息：截至 2019 年 3 月，小红书用户数量已经超过 2.2 亿。其中，主要用户为"90"后，占据用户总量的 70%，用户数量将会持续快速增长。

小红书的自我定位是"基于生活分享社区的跨境电商平台"。用户记录自己的吃穿玩乐，聚集国内与海外的知名或者小众品牌，帮助用户发现全世界的优质好物，这是小红书的核心特色。

小红书的兴起，使用户的消费不再被国界局限，国内市场不再成为国人消费的唯一阵地，海外市场也成为消费的阵地之一。小红书为用户提供海外消费的指南与途径，满足众多用户的个性化与多样化的消费需求。

虽然国内跨境电商纷纷崛起，经过多次的洗牌，竞争进入白热化阶段，但小红书依旧在跨境电商之中排名靠前，其走势持续上升。在 2018 年 3 月，其用户渗透率、月活跃量荣登海淘第一的宝座，有望成为海淘界"一哥"。

一、模式：内容 + 社交

在 2013 年，我国成为海外消费的第一大国，但语言不同与文化差异为普通民众的海外消费带来困扰，有许多自助游购物族不知如何在出国购物之前做好功课，这一困扰的根本原因在于国内外信息的不对称。于是，小红书应势而生，为用户解决海外购物难的问题。

小红书主打内容分享，用户通过某产品购物体验与心得等内容的分享，为其他用户"种草"产品，在为小红书平台增流的同时，增加该产品的流量与销量，实现了用户创造内容、分享内容，用户购买的模式。其用户大致分为两种：前卫买手即购物达人，与具有消费能力但陷入消费难的用户。这两类用户扮演了产品宣传者与产品用户的角色。

前卫买手（购物达人）的消费能力较强，且乐意分享。在购物之后，将自己的购物体验、心得以及对产品的评价分享至社区，供其他用户在消费前参考借鉴。而另一类用户虽然具有较高的消费能力，但是缺少出国的经验与机会，不知道应该去哪个国家买何种产品，可以阅读前卫买手分享的内容，进行判断与选择。

基于这两种用户，小红书形成了"内容＋社交"的模式，在小红书、前卫买手、普通消费用户之间形成了一个闭合回路。前卫买手先在小红书上购买自己喜欢的产品，然后在社区编写笔记，分享自己的购物体验与使用产品的心得。

普通用户在阅读这些笔记内容之后，可以关注该前卫买手，点赞、评论，还可以私信前卫买手，询问其推荐的产品的具体信息。如果被"种草"就会在小红书上购买产品，其具体的运行模式的逻辑如图2-7所示。

虽然小红书上也有一些打着内容分享的幌子的个人导购与企业的营销人员，但小红书平台能够有效地进行监管，这保障了小红书用户的利益与自由选择的权利。

小红书的"内容＋社交"模式，贴近用户的生活，凸显其"标记生活"的理念，能够让用户在体验海外购物的同时，分享生活与购物的乐趣，满足用户的分享心理。其中，用户的内容分享与社交行为都不是追逐利益的结果，而是真心分享的结果。关注某一前卫买手的用户，与该买手具有相似的购物偏好与习惯，很容易实现用户转化，提升产品的销量。

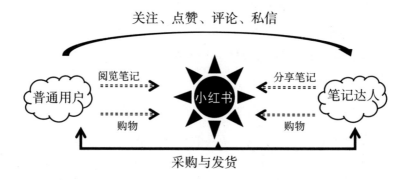

图 2-7　小红书"内容 + 社交"模式的核心逻辑

二、因兴趣偏好而购物：内容说服

对于内容分享的社交电商而言，最终的目的就是在潜移默化之中说服用户去购买产品，实现"种草"，最终达到裂变与变现的目的。

社区内容是小红书的根，每个用户的消费兴趣与偏好不同，查看的社区笔记也不相同。要想实现用户变现的目的，就是说服最大范围内的用户购买产品。

当你看见一个生硬的"王婆卖瓜自卖自夸"的广告宣传时，反复强调用户的高质量与高功效，是不是很容易对宣传的产品生出抵触心理？你反而更容易被一些真实的、能够与你产生共鸣的内容说服。

正如说"说服成名"的创始人杨庭所言："洞察人类的欲望，是一切说服的真谛。"而小红书就是洞察了用户分享的欲望与希望获得建议的需求，建立内容社区，激发用户的消费欲望。在用户消费并分享之后，激发更多用户的消费欲望，从而实现裂变。当然，这种社交裂变都是建立在社区内容符合用户的消费兴趣与偏好的基础之上。

前卫买手分享的笔记能够符合越多用户的兴趣与偏好，说服的用户越多，从而解决内容变现的问题。

三、社交裂变：通过内容说服用户"种草"并购买

社交裂变一直是各种社交电商引流，实现利润增长的重要方式，而通过内容说服用户内容型社交电商实现社交裂变的第一步。小红书依托于内容社交成功实现裂变，有后起者试图复制小红书的成功之道，为何效果却不如人意呢？

与其他电商相比，小红书的社区内容不仅仅在于单纯的分享，更是通过对真实场景的描述，增加用户的代入感，从用户出发，真正抓住了用户的心理之后，再去进行说服。一般而言，用作说服用户的内容应该具备"可信度""吸引力""符合喜好"这三个特点。

小红书从上述第三个特征出发，打造了属于自己的说服力强的内容社区，激发用户的消费欲望，提升用户的转化率。以下为小红书的具体措施，可供其他社交电商参考借鉴。

（一）构建引发用户共鸣的消费场景

小红书的社区内容的核心就是标记真实的生活，小红书的前卫买手既扮演着用户的角色，也扮演着意见领袖的角色，他们是产品的真实体验者而非专业的广告人。在小红书中的社区内容都是真实的、专业的、具体的产品体验的描述，从而得以构建引发用户共鸣的消费场景。

以构建主打轻薄自然的美妆产品的消费场景为例，一般小红书中的社区内容会打造三个常见的消费场景：学生党买完化妆品就"吃土"的场景；上班党、懒人快速上妆场景；一用化妆品就过敏的场景。通过对这三个场

景的构建，抓住了用户追求化妆品平价、自然、安全的心理，增强了内容的说服力与可信度。

（二）贴近用户生活开展活动，增强吸引力

例如，在人们热衷于《创造101》综艺时，小红书邀请参赛的选手来小红书上分享自己真实的生活，还专门设置了pick榜，让选手的粉丝来小红书上观看偶像的生活笔记的同时，为偶像"打call"，还有机会获得公演的门票。

这一行为贴合用户追综艺、追星的真实生活，不仅能够俘获年轻用户的心，还可以带动用户观看其他的"种草"笔记，增强产品的曝光率与对用户的吸引力。

（三）洞察用户心理，打造用户喜爱的社区内容

许多品牌开始进驻小红书，并邀请知名前卫买手体验品牌产品，并以图文的形式持续曝光产品。

一千个人心中有一千个哈姆雷特，每一位前卫买手的体验或多或少都有差异。通过多个前卫买手的体验分享，向其他用户真实展示产品的不同方面，通过口碑传播使用户对产品有一个更加深刻的了解与认知。

用户通过观看从多角度展示同一产社区内容，形成"看见—了解—喜爱—搜索"的过程转化。此时，小红书不仅在打造符合用户喜好的社区内容，更是在用内容引导用户的喜好，说服用户购买，然后再进行内容分享，最终形成内容分享的良性循环，提升产品的曝光率与销量，打造好口碑。

综上所述，小红书依托于"内容+社交"的模式，成功在海淘电商的竞争之中赢得了阶段化的胜利。但随着竞争继续白热化，小红书需要根据自身与市场的实际情况，及时调整战略，才能真正地成长为内容社交电商领域内的商业巨头。

2.5 以拼多多为代表的分享社交电商

当我们以为网购平台由淘宝、京东、苏宁易购三大巨头主导市场时，主打社交购物的"拼多多"成立，仅四年就实现营收 45.45 亿元，同比增长 228%，登陆纳斯达克，直接叫板国内三大电商巨头。

2017 年，猎豹全球智库发布了《第三季度中国移动互联网市场报告》，据报告数据显示：在周活跃人数与周人均打开次数方面，拼多多已经力压群雄，甚至超过了电商龙头之一的京东。其在 AppStore 上的排名长期靠前，特别是在 2017 年的第四季度，电商榜单第一、应用总榜单第二的"宝座"长期被拼多多"霸占"，其辉煌战绩可谓是出类拔萃。

拼多多定位自己是"社交电商领导者"。以拼单购买为核心特色，将网购与社交无缝连接，迅速打破中国电商市场的固有格局，实现用户规模等指标的高速增长。下面，我们通过其模式、策略等方面来阐述一下以拼多多为代表的分享社交电商，试图去解答关于拼多多成长的疑问，他们是通过什么产品和运营手段在中国社交电商中撕开一道口子，并成为超级独角兽的。

一、模式：分享 + 社交

传统电商平台通常基于"人找货"模式，比如淘宝，采用的是"搜索式购物模式"，用户需要搜索自己需要的产品，然后在大量的同类产品做出选择；或者是直接漫无目的地浏览产品，看到需要的就买。这种"用户找产品"的模式，对患有选择困难症的用户体验极为不佳。

而拼多多却反其道而行之，采用"分享 + 社交"的模式。拼多多时常会推出拼团有优惠的产品，或通过多人砍价，可以免费获得的产品。对于这类产品，用户一般都会通过微信分享给好友，一些有需要的人看到后就会加入拼团，或者也在朋友圈中邀请他人帮忙砍价。"分享＋社交"模式实现了"货找人"。

拼多多深度挖掘微信生态红利，凭借"极具价格优势＋拼单"模式，通过社交裂变实现用户规模高速增长。这种通过沟通分享形成的社交理念，形成了拼多多独特的新社交电商思维。

那么，拼多多的"分享＋社交"模式是如何应用到电商里呢？

拼多多在分析自身的用户时，会将用户分类，以便对不同的用户制定不同的方针与策略。主动发起团购的团长、受到团长邀请的参团人员以及平台商家是拼多多用户的三种类型。

这三种类型的用户围绕拼多多 APP，形成了"分享—卖货—发货"的闭合回路，其逻辑具体如图 2-8 所示。

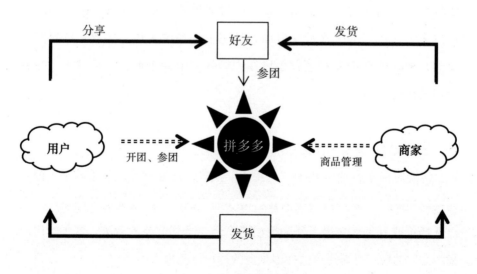

图 2-8 拼多多核心逻辑

拼多多采用的"分享 + 社交"模式是去中心化的电商玩法。该模式以自媒体渠道为基础，例如微信等。此玩法可以激发用户低价消费的积极性，让用户自发传播，它是一种快速的裂变营销，可以在很短的时间内积累出庞大的精准客户，而且这些客户都是基于同一个圈子。这一玩法的好处在于，没有采取利益驱动的方式，这种"利己利他"的方式更适合朋友之间形成良性互动。

二、因相信朋友而购物：破解社交"信任"难题

对于分享社交电商来说，所有的社交营销策略、终极难题，都是要解决"信任"问题。

迈克尔·所罗门在他的书中说过这样一句话："你所做的一切关于某一产品的假设喜好可能会瓦解于与邻居靠在篱笆上的一次谈话。"生活中，我们是否经常会遇到这样的情况：你挑选好一件产品，准备购物时，朋友在旁边说了一句"这个不怎么好"，尽管这一缺陷并不是很严重，你仍会放弃购买。这就是熟人、朋友对于个人购买态度、购买行为所能产生的重大影响。

干脆仿效他人或者直接采取一个可信任的人的意见，进而做出购买决定，这是我们在生活中很经常面对的情况。而拼多多恰恰就是抓住了用户的这一特点，打破传统的冗长的购买决策流程，扮演一个让用户信任的角色进行分享和推荐，进而对购买决定产生影响，而这个人就是我们亲近的身边人，如亲人、好友、同学等。

因相信朋友而购物，"信任"问题在购物之前就得到解决。

三、社交裂变：破解社交"分享"难题

"社交裂变"是拼多多实现用户与利润的快速增长的核心策略。拼多多成功之后，京东、苏宁、唯品会等电商平台试图复制拼多多的成功，也将社交裂变策略运用到自身的经营过程之中，但效果都不及拼多多，这是为何呢？

与其他电商平台相比，拼多多不是简单地进行社交裂变，而是通过不同的原则，不断地设计出用户分享的节点，激发用户分享的兴趣，破解社交"分享"难题。其目的不单单是为了吸引新顾客，还是在保留"回头客"，提高平台用户的活跃量与复购率，从而促使拼多多得到更长远的发展。

以下为拼多多设计分享节点的原则，可供其他电商借鉴与参考。

（一）游戏化原则，邀请好友来参加

通过游戏提升活动的趣味性，提高用户的活跃度。目前，多多果园、多多爱消除、金猪储蓄罐和招财猫是拼多多的主要游戏。在许多人眼中，这些游戏看起来似乎太过无聊，但也达到了休闲娱乐、消磨时间的目的。

用户在玩游戏的过程之中，还可以获得一些收益。例如，用户在多多果园种出水果可以换成真正的水果。用户在玩其他几款游戏时，也可以获得产品优惠券、免费产品等。通过真实收益，可以增加用户上线玩游戏的频次，从而提升用户的活跃度。

拼多多的每一个游戏都渗透了运营目的，并形成了完整的、成熟的运营策略。例如，拼多多的多多果园游戏，要想让树苗快点长大，获得包邮水果，就必须用到水滴与肥料两种游戏道具。用户需要通过每天登录、浏览商品、参与指定拼团、邀请好友等方式，来获得这两种道具。这种集拉新、复购于一体的游戏模式，在提高用户活跃度、增强产品推广上有很好的效果。

（二）多样性原则，邀请好友来助力

除了游戏之外，拼多多的玩法众多，最大程度地避免用户疲劳的情形出现。例如，"砍一刀"与"好友助力"，用户可以邀请好友砍价，获得优惠产品。

"好友助力"的形式更多。例如，商家会给用户送红包，但需要其他人帮拆；给用户提供产品碎片，但需要好友助力集齐产品碎片，才能获得免费的产品；20 人助力获得 100 元的红包等花样层出不穷。

（三）活动限时原则，疯狂分享给好友

每一个活动都有时间限制，一般在 2 ~ 24 小时之间。这样会给用户带来一种紧迫感，使用户会疯狂地分享给好友，请求助力，获得优惠产品。这与天猫、淘宝的双十一、购物狂欢节、618 等的运行机制类似。

拼多多在进行时间限制的基础之上，还将倒计时的单位设置为 1/10s。快速滚动的时间显示器给用户带来了视觉上的冲击，增加了用户的紧张感与刺激感，并起到催促用户快速下单的效果。

拼多多通过"分享 + 社交"的运营理念与模式，在低消费市场上独占鳌头，从京东、淘宝等电商龙头手中分走了"一块蛋糕"。如今，拼多多用自己的分享社交留住一批用户，就足够自己吃得饱饱的了，这意味着拼多多今后的运营中心将会从吸引新用户，逐步转移到发掘现有用户的深层价值方面。

未来不得而知，愿观其变，期待拼多多能够走上更广阔的舞台。

2.6 以云集微店为代表的平台社交零售

2019 年，云集远赴美国，随着纳斯达克的最后定音，成功上市。被推到聚光灯前的云集，从小透明摇身一变，成为会员电商的优股。

回望当年，淘宝发展成为中国最大的综合电商平台，促进电商进入了发展的黄金时代。超低的成本、人口红利与信息技术的快速发展将电商推向了新的发展高潮，其疯狂的增长爆发，使电商市场交易的规模在 2015 年突破 38285 亿元，同比增长 35.7%，电商的格局基本稳定。根据数据显示，电商市场 90% 以上的市场份额都是阿里系和京东的囊中之物。

而云集没能搭上电商快速发展的顺风车，错过了进入风口的最佳时机，只能争夺仅剩的不到 10% 的市场份额，新生代电商的竞争也进入到白热化的阶段。

"山重水复疑无路，柳暗花明又一村"，云集的发展遭遇现实的重重阻碍，却又得到了新的发展风口——微信等社交平台的兴起。这成为众多新生代电商角逐的新战场，各电商纷纷开始探索社交流量与电商的组合形式。

云集微店又是通过何种社交与电商的组合形式，在众多新生力量中脱颖而出，最终成功跃过龙门，实现上市之梦的呢？

一、模式：付费会员 + 平台 + 社交

在传统电商时代，用户入驻平台不用付费，云集微店成立之初也延续着这一传统。但随之而来的却是平台之上用户店家的鱼龙混杂，不利于云集微店形成良好的口碑。

之后，云集一改免费开店的模式，实现付费会员制，取得了显著的效果。

在 2016 年其付费会员数量为 90 万，到 2018 年已经增长至 740 万。据云集的销售数据显示，2018 年的 GMV（网站成交金额）中的 66.4% 都是会员的贡献。

云集微店的付费会员的本质是分销商。用户在云集微店付费成为会员之后，可以开启自己的微店，发展下级，通过自己售卖与下级售卖产品赚取佣金。而在交易前后的寻找货源、仓储管理、物流配送以及售后服务都由云集微店平台负责，这开启了付费会员＋平台＋社交的新型模式。其具体的运行模式如下。

云集微店平台选取货源，进行仓储管理与物流配送，将货物送达到最终消费的用户端。用户付费成为会员，开设店铺成为店主。店主主要在自己的朋友圈、社群等社交平台上宣传产品，分享相关的购买链接。其他用户通过链接，在云集平台上购买产品之后，店主可以获得佣金提成；且每一个用户账号都会对应一个店主账号，用户的每一次消费，都会使其对应的店主获得订单提成。

云集微店的社交属性不仅体现在依托社交平台发布宣传信息，还表现在其社交裂变方式之上。云集的每一个店主都能推荐其他用户成为下一级的新店主，每成功发展一个新店主，原店主可以获得相应的佣金。当成功推荐店主数量达到上一级指标时，就可以由店主晋升为主管，佣金增多；继续推荐新店主，达到更上一级的指标，主管可以获得竞争服务商即经理岗位的机会。

从云集的运行模式来看，其本质属于三级分销模式，在平台、店主之间形成了一个开放式的回路。其分销模式的具体运行的核心逻辑如图 2-9 所示。

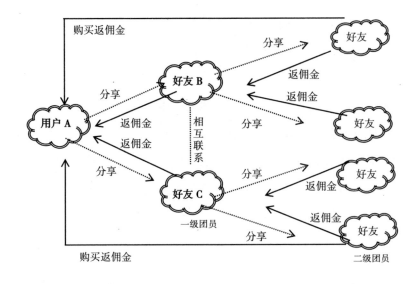

图 2-9　云集微店运行模式的核心逻辑

云集微店借助熟人经济的裂变能力与分销的推荐提成机制，激发用户主动拉新与传播的积极性，从而使云集实现会员收费与分销产品的双渠道盈利模式。云集微店的模式是在微商模式的基础上发展而来的。因此，依靠熟人经济能够快速获利。

二、因朋友推荐而购物：熟人效应带动云集微店发展

在心理学上有一种名为"自己人效应"的心理效应：在社交过程之中，双方关系较好，一方就更容易接受另一方的某些观点与立场。这种心理效应也被称为"熟人效应"。

而云集微店就是依托熟人效应发展新店主，进行分销获利。当店主向其好友推荐分享某一件产品时，一般与其关系较好的熟人的购买率大于并不相识的微信好友，他们更容易接受店主的推荐，在店主劝说其成为新店主的过程之中，更易被说服。

因关系较好的朋友推荐而购物，成为新店主，是云集微店微单发展分销商的重要途径。

三、社交裂变：依托于熟人效应发展新店主

以熟人经济为核心的社交裂变是云集微店发展的重要方式，使云集微店迅速从电商小透明成长为上市"新贵"。但与其一脉相承的微商为何却节节败退，最终落得个声名狼藉的结果呢？

与微商相比，云集微店的社交玩法更多，店主不仅能够聚集自己微信上的熟人，还能聚集从其他社交平台上引入的用户。另外，店主与用户之间的联系更加紧密，不仅以利益为联系的纽带，更以情感为纽带。

每一位新店主的前几单交易，几乎都是其亲人、朋友为了支持其事业的发展而下单。随后将亲戚、朋友发展为新店主，进一步在熟人圈中进行裂变传播。促使云集微店能够快速发展的社交裂变玩法有以下几种。

（一）分销福利

所有成为店主（分销商）的用户，购买云集产品享受折扣，且分销成功的每单订单提成5%~40%。店主等级分为三等，从低至高为：普通店主、主管、经理，等级越高的店主利润提成越高。推荐好友成为店主，进行分销，也能获得返利。

例如，云集微店推出的云币就是分销福利的一部分。店主每成功推荐一名好友成为新店主，就可以获得60云币，店主可以使用云币在微店内购买任何产品。

（二）产品分销

拼多多等社交电商依然是商家提供货源，进行物流配送，而云集微店

是由平台挑选货源，进行物流配送，店主只需要专心于分享、推荐产品。这样的产品分销模式使店主能够将更多的精力放在维系好友关系、发展新店主的工作中。

（三）会员制的参与门槛

好友通过与其熟识的店主购买 398 元大礼包成为店主，原店主将会获得推荐新店主的佣金，而新店主可以享受云集开店的优惠政策，即 365 元开店，购买 1 年的会员，云集微店还会赠送开店店主 365 元的产品大礼包。

（四）赋能于分销员

云集微店致力于让每一个用户都能学到专业知识，凭借自己的努力获取自身的价值，帮助用户从营销小白变身成为社交营销"明星"。

云集微店会建立店主（分销商）社群，定期开展讲师培训活动，提升店主的专业素养，其公众号还为店主提供统一的推广素材，帮助店主打造自己的分销社群，且各个分销员互为好友，可以通过微信朋友圈与私信互通信息。

云集微店依托于微信社交平台建立起来的电商平台，以会员制与产品分销的双轨盈利模式获取利润，通过熟人经济迅速发展下线，是基于微商模式而发展起的平台社交电商。相比于微商，云集微店将会青出于蓝而胜于蓝，创造更为璀璨的未来。

2.7 以森米为代表的社群社交新零售

刷爆朋友圈的森米，历经 5 年起伏，在 2017 年厚积薄发，百度热度指数远超同类产品，在瘦身内调行业内树立起标杆一样的地位。众多政商名人都在亲自试用，不经意地传播。几十万个代理商，迅速裂变，巴厘岛、量子号，三品牌裂变近百位联合创始人，建立二级代理分销机制，规范小微个体的税费缴付。

一改初期的"微商传销"风格，从风口浪尖迅速成长起来，进入到良性的发展节奏，并且严控产品质量，优化物流信息系统管理，加强各级代理的培训。

一个在朋友圈刷屏惨遭屏蔽，又陷入"传销"疑云的森米，是怎样敌过悠悠众口，在负面新闻缠身的情况之下，向上发展的呢？这与其"社群 + 社交"的运行模式密不可分，使森米在市场之中能够逆境生长。

一、模式：社群 + 社交

克里斯·布罗根曾说："关键在于，无论你说什么，都要让客户成为主角"，这也是社交新零售时代为各个电商提供的成功之道。

如何让用户成为电商的主角？森米通过搭建社群为这一问题提供了答案。社群就是以相似的兴趣为连接纽带，或者以意见领袖为主心骨，用社交工具为社交平台，以信任为基础，将用户联系起来，从而实现变现的模式。

森米的社群与小红书的社区有异曲同工之妙，但其本质上又有差别。森米的社群是直接变现模式，卖的是产品；而小红书是间接变现，通过卖内容达到卖产品的目的。他们两者的相似在于通过兴趣爱好与意见领袖聚集用户,形成社群或者社区,这是建立在信任基础之上的联系。

森米社群模式让其发展的重点并不是单纯依靠微信等社交平台拉新,而是在于与更多的用户建立联系。再加上森米依托于微信朋友圈起家,增强了其社交属性,在发展的过程之中形成了具有优势的"社群 + 社交"的模式。

将具有相似购物爱好的用户聚集起来,形成购物群,统一管理用户。每天社群的管理人员会在社群之中分享产品,用户可以直接私信管理人员进行交易下单。通过定向营销、用户的宣传,使每一个社群还会有新用户不断加入,为森米的小社群提供新鲜血液(图 2-10)。

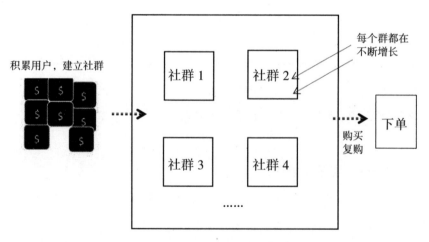

图 2-10 森米"社群 + 社交"的核心逻辑

在这一模式之中的用户主要有三类:

第一类是在朋友圈承担意见领袖角色的用户,自身的影响力较大,是森米社群的灵魂人物。他们提出的观点与推荐的产品,往往能被多数人认可,提高了变现的效率与概率。

第二类是灵魂人物的跟随者,他们会积极地点赞、评论、转发,紧跟灵魂人物,进行产品宣传。在向其他用户"安利"时,会有这样的言论:"这个产品很好用,某某(意见领袖)都在用这个产品。"他们是森米社群之中最为活跃的人。

第三类为边缘化的"吃瓜群众",他们虽然在森米社群之中不活跃,常常处于"隐身"状态,但他们会将其他用户宣传的、自己认可的产品分享给自己的亲人、朋友。此类用户虽然宣传产品的积极性不高,但最有可能吸引新用户,是实现社交裂变的中坚力量(图 2-11)。

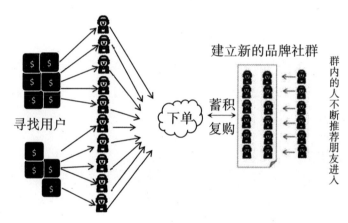

图 2-11 森米"社群 + 社交"的核心逻辑

二、通过社群分享,实现交易

森米似乎就是通过在社群分享产品,用户购买产品,达到盈利的目的,但这只是森米表面的盈利模式。

森米盈利的核心在于社群裂变,其盈利模式与云集微店的分销模式在本质上有共通之处,因为两者都借助了微商的发展模式。只不过云集微店在微商模式的基础上进行了改革,而森米则是直接套用了微商模式,通过发展下级代理与分销产品获得收益。

用户在进入社群之后，会根据自己的兴趣与购物偏好来购买森米的产品。除此之外，用户还可以选择新建属于自己的森米社群，成为森米的代理，每完成一单交易，用户就会获得相应的提成。在其社群之内的用户，也可以成为原用户的下级代理。依次类推，只要通过不断地推荐分享产品，不仅用户可以获得收益，森米也会通过产品销量的提高而获取众多利润。

森米通过社交，拓宽了销售渠道，提升了用户转化率与转化速度，成功实现利润的增长。

三、社交裂变：社群不断裂变

森米的社群在最初是基于社区建立的，但在发展之后，逐步转向通过代理关系建立紧密联系的模式。那么，森米是如何搭建社群，通过社群裂变，实现变现的呢？

（一）代理与搭建社区的门槛较低

用户升级为代理，没有任何技术门槛，只需要支付相应的代理费用，直接拿货，即可成为森米的代理。而代理的主要工作就是与其社群之中的用户建立更加紧密的联系，无限制地增长好友的数量。

通过这样的代理模式，不断地发展下级代理，增加社群的数量，实现变现目的。只要拥有朋友圈的人，就可以搭建社群。

（二）暴力刷屏

暴力刷屏并不是所有社群电商的通用裂变方法，因为刷屏很容易会使用户产生厌恶心理，进而屏蔽社群消息。虽然刷屏具有负面影响，但却是让新用户快速了解产品、实现变现的捷径，这也成为森米快速拉新的具体渠道。当然，进化迭代后，刷屏成为打造个人 IP 的另一种方式，刷成长、刷学习、刷活动、刷节庆、刷稀缺、刷优越的消费状态等。成为别人想成为的人，就有社交吸引的可能。

森米的一级代理执行董事，一般是 50 万元门槛 5 折拿货，三个月可退，如果招上 10 位二级代理官方 6.5 折拿货，每人 5 万元门槛，也是三个月可退。大部分人，受过一些基本的培训，是可以做到的，毕竟一级信任圈的背书足够。值得借鉴的是，森米的产品单价较高，一方面使得利润足够支持各级驱动，另一方面其实到了三级就成为终端用户了。产品的定价设计使得终端的出货相对容易，当一个二级代理官方手头的货在三个月中出货 10 ~ 20 套，就赚到了 1.5 ~ 2 万元，大部分人还是容易被驱动的。而那些实在不适合的，也优胜劣汰，留下最有意愿的业务人员，吸引的也是同样的四类人群：宝妈、TB 店主、其他微商代购、斜杠青年。

小红书、拼多多、云集微店、森米都是具有代表性的社交电商，本质都是熟人经济与信任经济，通过社交的强关系与弱关系，进行社交裂变，实现流量变现。它们的运行模式与核心逻辑可以为其他社交电商提供发展新思路。

社交电商领域已经不再是零售企业与商家的天下，每一个人在社交新零售的大环境之中，都可以成为社交电商。但要在该领域有一番作为，难度不小，打造优质的个人品牌是个体社交电商成功的重要途径。

第 3 章

社交电商做好个人品牌，
你将无可取代

社交平台赋能于个人，使每一个用户都有机会进入社交电商领域。"人靠衣装，佛靠金装"，打造一个优秀的个人品牌，是吸引用户的关键，是成为优秀的个体社交电商的重要渠道。而活用"1000个铁杆粉丝"理论，打造有价值的账号、打通人脉，是打造个人品牌的有效途径。

3.1　社交电商与个体的崛起

在 2018 年，总会有朋友向我推荐自己店里的产品。我很惊奇，为什么朋友们好似都在一夜之间开了店？他们的开店成本从何而来？后来才发现，他们是在线上平台快速开设贝店，成本门槛较低。

在 2018 年创立的贝店，其定位为"专注于家庭消费的社交电商平台"，使每一个人都可以踏入社交电商的领域。用户在开设自己的贝店之后无需囤货与发货，只需要向他人推荐自己产品或者等待他人进店购买。

这主要是因为贝店实行"自营＋品牌直供"的运行模式，使开店的用户与源头品牌直接进行合作，随后由贝店平台统一采购产品，统一发货。将开店的用户从产品生产、采购、生产、售后服务等工作之中解放出来。

贝店的主营业务是家庭消费，包括居家、服饰、水果、美食、美妆、母婴等多种产品。与传统电商相比，贝店更具优势，通过用户与用户之间的分享与裂变式的传播，在用户、店主与供应产品平台之间形成回路，保证送达到用户手中的产品的高质。

正是由于贝店的运行模式，使贝店点亮了社交属性，让每一个用户都能参与到贝店的开设之中来，通过朋友圈等社交平台或者软件售卖自己贝店之中的产品。

贝店式的崛起与发展昭显出个体社交电商的崛起。接下来我们将分析个体社交电商崛起的背景，从而找出其崛起的原因。

一、社交电商与个体崛起的背景

20 年的时光转瞬即逝，但在这飞逝的时光夹缝之中，网络零售依然顽强生长，最终唱响了社交新零售时代的战歌。零售从缺乏关注的支流，华丽转身，发展成为全民关注并参与的社交新零售。

2019 年 2 月，中国互联网络信息中心（CNNIC）发布了第 43《中国互联网络发展状况统计报告》，其数据显示：截至 2018 年 12 月，通过网络购物的用户规模达到 6.10 亿，占总体网民的比例高达 73.6%（表 3-1）。

表 3-1　网络用户的部分数据

年份	2018. 12		2017. 12		年增长率
应用	用户规模（万）	网民使用率	用户规模（万）	网民使用率	
网络购物	61 011	73.6%	53 332	69.1%	14.4%
网上支付	60 040	72.5%	53 110	68.8%	13.0%
手机网络购物	59 191	72.5%	50 563	67.2%	17.1%
手机网上支付	58 339	71.4%	52 703	70%	10.7%
网上定外卖	40 601	49.0%	34 338	44.5%	18.2%
手机网上定外卖	39 708	48.6%	32 229	42.8%	23.2%

通过对上述数据的分析，可以窥见网络交易的比例逐步增大，网上市场扩张的速度趋势仍然呈现向上发展的趋势，各电商之间的竞争开始从"蓝海"进入"红海"，这要求电商寻求新的发展方向，提升自身的竞争力，从而在竞争之中取得先机。

在此背景之下，社交电商应运而生，为电商的发展提供了新的发展方向。社交电商与个体开始崛起，线上与线下融合程度加深，交互性变强，其发展势头异常迅猛。那么，究竟有哪些因素能够影响社交电商与个体的崛起呢？

二、影响社交电商与个体崛起的因素

影响社交电商与个体崛起的因素众多，其中主要因素如下。

（一）个体影响力的改变

人们还未进入互联网时代之前，意见领袖的影响力十分有限，影响的人数最多达到"千"的量级，再往上，则是一个无法突破的量级屏障。

当互联网迅速普及，用一根无形的线将人们联系起来以后，网上意见领袖的影响力不断增大，从而突破"千"的量级，达到上万、十万、百万等高层次的量级，最终使意见领袖成为 KOL（关键意见领袖）。

互联网赋能与个人，让个人的价值逐渐发挥出来；同时，KOL 们又依托于互联网不断提升自身的影响力，通过网上宣传，实现"带货"，用影响力带来流量，将流量变为利益。

例如，微博上拥有上十万粉丝的博主，就可以接品牌广告，通过软文宣传产品信息，实现流量变现。与此类似的还有抖音网红、哔哩哔哩弹幕网的 up 主等，都可以在具备较强的个人影响力的前提之下，将流量变现。

（二）中心化的新零售转向为去中心化的社交新零售

个人影响力的增强使每个人都有机会影响成千上万的个体，因此社交电商完成从中心化到去中心化的转变过程。在此之后，电商将不仅只包括企业、商家，更包含具有影响力的个体。每个人都有机会成为引爆流量的核心。

这样的转变促进了万物互联。在未来，社交电商领域将是个体创业的主要阵地，使每一个有影响力的人都能够充分发挥自身的价值。

（三）先进技术的支持

瓦特改造蒸汽机，推动蒸汽时代的到来；电力的广泛运用是电气时代降临的标志，任何一个时代的发展都离不开技术的进步。新零售时代的发展也是如此，层出不穷的先进技术，促使新零售逐渐发展出社交新零售。

新零售在 2016 年诞生，三年时间之内，各个电商巨头都已进行了新零售的尝试，并推出各种有关新零售的细化分支，但无一例外，都是依托于先进技术而创立成功的（表 3-2）。

表 3-2　依托于各种技术的新零售形式

概念提出者	新零售的内容	运用的技术
马云	线上线下和物流的结合	互联网、物联网、大数据等技术
张近东	智慧零售：感知消费习惯，预测消费趋势，引导生产制造，为用户提供多样化、个性化的产品和服务	互联网、物联网、AI 等技术
刘强东	无界零售：零售基础设施的智能化、协同化优化打破行业边界	互联网、物联网、AI、云计算等技术
以拼多多为主的多种社交电商	社交新零售：零售企业以用户体验与需求为核心，通过云计算、大数据、AI 等先进信息技术的运用，整合资源，并高度融合线上线下渠道，实现产业链与需求链升级的零售新模式	互联网、物联网、大数据、云计算等技术

社交新零售，虽然侧重点在社交之上，但仍然需要技术的支撑。例如，用户在网络平台上宣传产品广告，就需要用到互联网技术；将目标用户细分，为其提供符合消费偏好的产品信息，就需要利用大数据技术收集用户的消费信息，还需通过云计算分析数据等。

新技术的运用将会推动社交电商与个人发展，促进社交新零售"更上一层楼"。

（四）"利他"主义的流行

在社交新零售领域中，拼多多可谓是一代翘楚，虽然拼多多的产品遭受质疑，但其通过用户的社交关系引流，进行社交裂变的做法，拉开了社交新零售的新时代的序幕。

拼多多得以成功的重要因素之一，是让每一个用户参与到产品分享宣传的过程之中来，让利于用户，不仅使用户的需求得到满足，还让用户感受到真实的收益。

这种"利他"主义就是社交电商与个人崛起的重要因素。社交电商与网红、KOL 等具有较大影响力的用户合作，将流量变现，将"1 对多"的模式转向为"多对多"的模式，充分使个体用户的功能得到充分体现。

"利他"主义的流行，让社交电商中的个人不仅是用户，更是扮演者零售商、分销商的角色。通过用户自发进行社交裂变，创造流量，获取价值。用户作为社交电商的个体，能够更加贴近用户的角度思考问题，为用户争取更多的利益，与用户建立更深刻的情感联系。

社交电商与个体崛起，就是秉持"利他"主义，以用户需求为核心，邀请用户参与到产品分享的过程之中，让用户获得更多的收益。

社交新零售依旧在不断地发展，而社交电商与个体要在变中求胜，就需要围绕其崛起的因素不断提升自己的影响力，让每一个用户的价值充分发挥。如今，越来越多的人已经成为社交电商的一员，其这一趋势还在延续，每一个人都有机会成为社交自媒体。

3.2 每个人都是社交自媒体

在 2018 年，网易开办的网易青媒计划，是一项针对大学生的自媒体培训项目，参与的大学生人数较多，且学生对这一计划的评价较高，该计划一直延续至今，让更多的大学生有机会走上自媒体之路。

网易的青媒计划取得良好的反响，我们可以了解到人们对于自媒体的接受程度在不断提高，成为自媒体似乎已经成为时代趋势。而个体的社交行为与社交属性，将会使个体自媒体成长为社交自媒体。

接下来，我们将从影响个体成为社交自媒体的因素，分析如何让每一个人充分发挥自己的价值，将自身的影响力变换为流量，转化为利益，成为社交自媒体。

一、促进人人成为社交自媒体的因素

在人人皆为品牌的时代，人人都是自媒体。在新零售时代，用户只需要分享，创造流量，就可以踏足社交自媒体的领域。以下为影响个体成为社交自媒体的主要因素。

（一）传播渠道与平台的增多

各类直播平台、短视频软件、社交软件、内容资讯平台等众多传播渠道与平台的增多，为个体成为社交自媒体创造了物质条件与基础。

扩大传播量是社交自媒体得以发展的重要途径，传播渠道的重要性不言而喻。形式多样的平台的出现增加了传播渠道，让个体的宣传信息能够从更多渠道发散，并通过社交行为获取更多的流量，实现流量变现。

例如，个体可以在抖音上发布高质量的、能够吸引其他用户目光的短视频，吸引流量。在获得高量级粉丝之后，就可以开始接受产品广告，通过视频内容的植入，将产品信息传播给更多的人。

再如，用户可以在百家号、大鱼号上通过内容创作与分享，获取流量，并积累流量。随后再通过软文广告，传播产品信息，让更多的用户了解产品，提升用户的转化率等。

通过这些传播渠道进行信息宣传的个体都是社交自媒体中的一员。

（二）自媒体领域对社交行为与理念的重视

社交几乎是人与人、人与物的连接，正如网络流传的一句话："不懂社交的生物必将走向灭亡"，可窥见社交的重要性。社交自媒体的发展与社交也密切相关，在产品信息传播与扩散的过程之中发挥着巨大作用。

个体社交自媒体与其他自媒体、个体的交互，不是简单的交流互动，更不是通过单纯的沟通技巧而实现的社交行为，而是高级复杂的社交方式。个体自媒体开展社交行为，就是为了让用户产生信任感，对推荐的产品放心，促进用户成为个体自媒体的粉丝、忠诚拥护者，甚至是合作伙伴。

自媒体时代对社交的重视程度在不断加深，运用社交理念，促使社交新零售的核心从产品转向为个体。在社交新零售发展的未来，"卖货"的焦点将聚集在承担宣传功能的个体社交自媒体身上，或者直接向其他用户分享购买产品的消费体验，通过社交实现产品销售、流量变现的目的。

（三）社交电商与个体的崛起

在社交新零售时代，社交电商与个体的崛起，使社交自媒体呈现出百花齐放、百家争鸣的状态。每一个用户都可以通过图文、视频、直播等方式，提升自己的影响力，与商家合作进行产品宣传，获得收益。这推动了"人人都是社交自媒体"的进程。

二、"小众圈子"是社交自媒体的主阵地

社交自媒体的崛起，让只能发出主流声音的"大众时代"逐渐远去，推动"小众圈子"的兴起，个体社交自媒体的社交变现更多地在小圈子之中完成。

一些用户可能会通过共同的爱好而集结成社群，在不同类型的社群之中宣传对应的产品，将会有效地提升用户在转化率，增强流量变现的力度。例如，因喜爱读书而建立起来的读书会，就是个体自媒体销售图书的重要阵地。喜欢运动的用户建立的运动社群，包含了喜欢登山、跑步、游泳、健身等运动的用户，个体社交自媒体可以将各种运动器材或者与运动相关的产品，分享到该社群之中，实现变现。

如今，小圈子已触目皆是，在未来将会有更多定位清晰的圈子出现，各圈子之中将会出现更多的社交自媒体，使社交变现行为将变得更为频繁。不同的圈子，其消费标准、消费内容存在差异。圈子细分得愈加精细，个体自媒体的营销与产品信息投放就愈发精准，提升流量变现的可能性。

人人都是社交自媒体，将会使产品营销的步骤变得更为清晰：个体社交自媒体，在自己所属的一个业态或者多个业态之中，形成自己的口碑，并以图文、软文、视频等形式分享到社群圈子之中，在社群之中与其他用户互动，将互动变为社交，销售产品，实现变现（图3-1）。

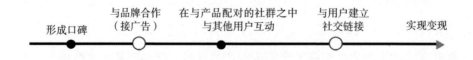

图 3-1　个体社交自媒体变现的流程

个体社交自媒体的本质就是通过社交行为将产品与流量连接起来。

不仅是意见领袖、某领域的培训专家、产品代言人等，甚至是普通人都可以通过社交，形成更多的消费场景，拓宽销售渠道，获得收益。

当然，成为社交自媒体的前提，需要个体不断地保持并提升自己的流量与社交能力水平。只有这样，才能不受平台、产品种类、合作对象的限制；只有这样，才有可能在不断变化与发展的时代之中，确保自身的发展优势，不被后起之秀"拍倒在沙滩之上"。

个体进入社交自媒体的准入门槛越来越低，但其盈利的门槛却日益增高，并不是所有的人都可以通过社交自媒体获取收益。能够成功赚取收益的人究竟有哪些呢？我们下节分晓。

3.3 这4种人能够在社交平台中赚钱

当你想成为社交自媒体之中的一员时，总会有人劝说："社交变现没那么容易，每个人都有他的手机"，借此来打消你念头。虽然个体的社交自媒体成功的难度较大，但前赴后继的人数不胜数，其中也不乏成功之人。哪种类型的人能够成功地在社交平台上赚钱呢？

湖南有一句民谚："吃得苦，耐得烦，不怕死，霸得蛮"，正好可以概括成功的社交自媒体人应该具备的品质与能力。

一、耐得烦：洞察目标用户需求的人

用户是社交的核心，是实现变现的关键点。能够在社交平台上成功实现变现的人，定然"耐得烦"，具备足够的耐心与毅力，去洞察目标用户的需求与痛点，从而实现变现，获得创收。

这类自媒体人在创作分享内容时，会审视自己，从普通用户的角度出发，思考用户可以从自己创作的内容之中获得的信息与收益。只有这样，创作出的内容才能符合用户的口味。

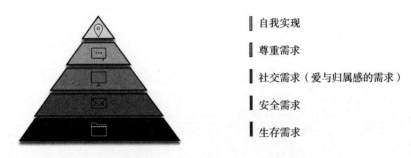

图3-2　马斯洛需求理论的五个层级

如图 3-2 所示，马斯洛的需求理论将人们的需求划分成 5 个层次，成功的社交自媒体人自然也会从这 5 个层面出发，寻找用户的需求与痛点。在寻找的过程之中，需要社交自媒体人极具耐心与毅力，深度挖掘用户各种需求之间的联系。只有紧抓用户需求与痛点，并与时代相接的推广，才能被用户注意。

例如，网红 papi 酱拍摄的广告视频总能冲击微博热搜榜，激发用户情感共鸣，广告效果十分明显。

她成为 New balance 拍摄过一个名为《papi，跑吧！》的广告视频，在视频之中，她以一个普通的追梦者的身份，讲述了自己在北京奋斗的经历，展现出新一代青年在追梦过程之中肩负的巨大压力，或者被打着"为你好……"的由头的人阻挠，而感到迷茫的现状，并鼓励用户继续"跑下去"。

这一视频成功地向用户传提出 New balance 的价值观，让用户对这一品牌产生信任感，甚至成为该品牌的粉丝。papi 酱的这支广告视频得以成功的原因在于：不断地寻找用户的需求，最终落地在用户"自我实现"的需求上，通过展现用户的真实情况，抓住用户的痛点，引起情感共鸣，最终取得良好的广告效果。

如 papi 酱一样，能够在社交平台之上赚取收益的人，都是将其作为一项事业来看待，用耐心与毅力去发现用户的需求与痛点，从而创作出用户愿意买账的内容。这是成功获得收益的前提。

耐得烦去洞察用户的需求与痛点，就像是在春天的田野之中播下一粒种子，用心去浇灌，最终会收获硕果累累。

二、吃得苦：扩展自身影响力，打造个人口碑的人

能在社交平台上赚钱的自媒体人具有吃苦耐劳的品质，通过自身的努力使自己具备较强的影响力，能够与其他用户建立高黏性的社交关系。高黏度的社交关系并不是需要自媒体人与每一个用户都聊得热火朝天，而是与每一个用户建立信任桥梁。

有许多尝试在社交平台上实现变现的自媒体人，可能遇见过这些情况：与用户在线上聊得热火朝天，几乎从诗词歌赋谈到人生哲理。但当推出产品信息时，却只有少量用户下单；又或者是在社交平台上获得了用户的联系方式，却不知道怎么去维护，没过多久，这些用户就成了"僵尸粉"，甚至直接将你拉黑。

前者是社交黏性太差，社交关系建立的时间非常短暂，冷却、消失也无比迅速。用户可能与你聊得来，但不代表他认同你推荐的产品。因此想要达到变现目的，虽然要与用户交流互动，与用户建立情感联系，但侧重点要放在建立双方的信任上。

那是需要花费大量的时间与精力，用真心去换真心，获得用户的信任，而不是通过一次性的友谊做一场无回头客的生意。

例如，在抖音平台上火爆的"口红一哥"李佳琦，在其光鲜亮丽的背后，是一颗敬业吃苦的心。他每天都要试用 300 支左右的口红，几乎没有休息时间，为用户挑选出颜色与质量并重的口红。正是这种真心为客户考虑、"吃得苦中苦"的品质与精神，获得了大量用户的信任，实现流量变现。

当获得越来越多的用户的信任之后，自身的影响力也随之不断扩大，慢慢在用户心中形成良好的口碑，最终打造个人品牌。此时，社交自媒体人还可以通过与其他品牌合作，赚取广告费用，实现创收。

三、不怕死：能够大胆交流，不断提升社交能力的人

如今，社交渠道在不断增多，如果社交自媒体人没有与时俱进的社交能力，可能会错失良机，无法成功变现。

这里的"不怕死"代表的是一种勇敢的精神。能够在社交平台上成功变现的人，必然是能够大胆与用户交流互动，并在此过程之中不断提升自身社交能力的人。

例如淘宝主播薇娅，曾为一家新店铺进行淘宝直播，观看人数高达150万人，在一夜之间为这家新店铺带来7000万元的销售，如今她的粉丝已经高达410万，并在多个平台建立了粉丝群。

淘宝主播如此之多，为何薇娅却有如此之强的引流变现的能力，在众多主播之中脱颖而出？这与其社交能力密切相关。社会在发展，时代在进步，人们的思考方式随着时代变化，如果依旧用老套的社交方式去与用户交流与互动，可能收效甚微。只有勇敢地挑战自己，不断提升自身社交能力的自媒体人，才有机会功成名就。

四、霸得蛮：在原则与底线面前绝不让步的人

社交自媒体的准入门槛越来越低，越来越多的人涌入社交自媒体的领域之中，企图分得一杯羹。各个自媒体人都使出自己的看家本领来增强变现的力度，这使自媒体的竞争进入红海。

而能够在竞争之中立于不败之地的社交自媒体人，需要在底线与原则面前"霸得蛮"，坚决不让步。

例如，有些唯利是图的营销号，会利用热门话题煽动社会舆论，不管是否公正，只要能够引人注目就好，这引起了用户的反感与厌恶。这是缺乏职业操守的表现，没有原则与底线最终只会带来毁灭。

再如，依托于各种社交平台（微博、抖音等）而获得大量流量的网红，在火爆之后，就开始变着花样儿进行流量变现，开设淘宝店就是其中最普

遍的变现方式。但这些淘宝店几乎都是外包给其他团队，网红本人也几乎不怎么关心，只关注流量变现的速度。这导致淘宝店铺的产品质量与服务缺乏有效的管理，使许多网红淘宝店因此败坏口碑，被用户列入"黑名单"，从而失去长远的发展机会。没有原则，也不会有发展，只能做一次性的生意。

微博达人"NG家的猫"，在微博通过原创内容走红之后，没有放弃作为一个内容社交自媒体人的原则与底线。他虽然将淘宝店交由合作的公司负责，但还会时刻对店内的产品进行检查，在发现问题之后，及时将店铺的运营权拿回，并录制视频向用户、粉丝道歉，并保证以后的产品都会经过自己亲身体验之后再上架。坚守底线与原则，使他获得了一致好评。

以上四种人都是能够在社交平台上成功变现的四类人，无论是洞察用户的需求、增强自身影响力、提升社交能力，还是坚守原则与底线，最终的目标都是在用户心中创造良好的口碑，增加用户的信任感，最终打造个人品牌，实现变现。

那么，对于由社交自媒体发展而来的个体社交电商而言，应该怎样才能打造个人品牌，实现变现呢？

3.4　社交电商的两种个人品牌打造方向

"澄妆影于歌扇，散衣香于舞风，拭珠沥于罗袂，传金翠杯于素手"，这是网友对李子柒的评价。

李子柒经常穿一袭古风长裙，搭配披肩的长发，做美食，拍摄美食视频。凭借一人的努力，为大众所知，只花费短短数月的时间就成为拥有百万粉丝的微博大 V。

随后慢慢进驻哔哩哔哩弹幕网等平台，开设天猫店铺，最终打造了火爆的个人品牌。在 2019 年 5 月，甚至与《国家宝藏》达成合作，并在 5 月 15 日，其天猫店铺推出了与《国家宝藏》的联名款的、限量定制的茶饮——逍遥草本茶。

该茶一经推出，月销就已经超过 10 万，累计有 2 万多条评论，好评如潮（图 3-3）。

图 3-3　李子柒逍遥本草茶的销售情况

李子柒作为一名在微博平台以内容创作发家的社交自媒体人，在火爆之后，通过产品销售实现变现，成为一名成功的社交电商。其产品能够热销是因为个人品牌即口碑获得了广大用户与粉丝的认可，形成了品牌效应。

其他社交电商应该如何做才能打造李子柒这样火爆的个人品牌呢？以下是社交电商打造个人品牌的两种方向。

一、内修：用心设计产品，贴合用户心意

产品的品质是用户愿意买单的前提条件。如果产品质量无法与名气匹配，将会使产品的品牌形象毁于一旦。

李子柒首先为自己的手工美食拍摄小视频，然后批量生产，在天猫店铺上售卖，其产品基本上都是良心产品，价格较为实惠，因此得到用户的一致好评。其他社交电商在建立个人品牌之时，需要打造优质的产品与服务，才能留住用户的心。

（一）建立用户画像，明确目标用户

要想抓住用户的心，明确"用户是谁？"是首要解决的问题的用户。只有找准定位，才能做到有的放矢，设计、推荐出用户满意的产品。

用户画像是将用户的标签、特质等全面集结起来，共同构建出用户的虚拟形象。通过建立用户画像，了解用户的特质，分析用户的喜好，并以此为依据调整产品的设计方向与服务方向，制作出符合用户口味的产品，提升用户对产品、多品牌的认可感（图3-4）。

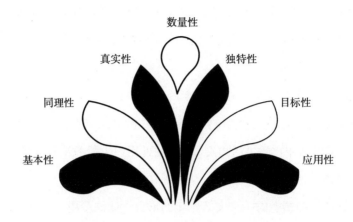

图 3-4　制定用户画像的 7 个要素

用户画像的创建需要秉持客观的原则，不能想当然，而是应该从用户的角度去思考产品的设计与提供服务的方式。这样创建的用户画像，才能是真实的、具有鲜明特色的用户形象的塑造。

用户画像在社交变现的过程之中发挥着巨大的作用，可以聚焦用户，找准中心，避免在一些不必要的事件之上花费太多的精力与时间，最终落得个"竹篮打水一场空"的结果；其次，通过对用户特质的分析，可以了解用户的需求，抓住用户的痛点，从而对症下药，在细分市场之中提供更高标准的产品与服务，获得竞争优势。

（二）打造品牌调性

品牌调性包括品牌的固定风格与品牌的品格，能够让用户对个体社交电商形成最直观的感受，是影响用户对我们产品形成良好的第一印象的重要因素。

1. 塑造人格化的品牌品格

通过品牌故事、广告语、品牌价值塑造人格化的品牌品格，是进行社交变现的重要途径之一。社交电商品牌不应该是冷冰冰、不食人间烟火的形象，而应该贴近用户的生活，让用户感受到品牌的温度，才能拉近与用户的距离。

人们似乎天生就更加喜欢有温度的事物，例如喜欢毛毛绒的猫、狗的人总比喜欢蛇等冷冰冰的生物的人多，用户也更愿意去接受一个有温度的品牌。我们可以从用户的生活出发，构建贴近用户生活的消费场景，设计"走心"的广告语，使用户感到暖心，从而抓住用户的心。

例如，江小白塑造的一个文艺青年的形象，让许多用户产生了代入感，其文案"小孩子把不开心写在脸上，大人把不开心藏进酒杯"等激发无数用户的情感共鸣，提升了产品的销量。

温暖而贴近生活的人格化品牌，总能吸引众多用户的目光，用情感与用户建立深层联系，用共鸣带动销量的提升。

2. 打造特色风格

品牌的风格来源于人格化的品牌品格与目标用户的共性。品牌的人格化或幽默、或深沉、或高雅，对应的风格也有所差距。目标用户是文艺青年、叛逆少年，还是沉稳的精英人士的品牌，其风格也不相似。

打造与品牌、与用户一致的风格，并将这种风格固定下来，是打造个人品牌知名度的关键。这不仅能够锁定用户，还能让用户对我们的品牌形成直观的、具体的印象，更能使品牌形成独特的特色，吸引更多用户的关注，提升用户留存率与回购率。

3. 选择主营品类

主营品类以用户画像为选择的依据，往往影响着人格化品牌塑造的成败。主营品类的产品应该是颜值与实效并重的产品，这样的产品有更高的机会获得用户的青睐，提升产品曝光量，从而提升销量。

二、外练：通过互动推广，强化社交属性，增强影响力

内修与外练相结合，是全方位的打造个人品牌的途径。在社交新零售时代，人与人之间的互动并不是单方面的"机器"传输。社交电商应该与用户连接起来，进行更深层次的交互，才能增强自身的影响力。

（一）内容互动

内容互动是个体社交电商与用户互动的有效方法，是向用户传递品牌价值、提升品牌影响力的重要途径。

每月定期定量向用户推送固定的内容，内容一般包含品牌故事、新品上架、优惠活动等，可以让用户及时了解我们的动态。在创作互动的内容时，要贴合用户想需求点与兴趣，激发用户点赞、评论、留言的欲望，从而达到交互的目的。

（二）留言互动

促使个体社交电商与用户进行留言互动的方式多种多样，其中"留言有奖"是最有效地促进互动的方式，可以增加品牌的知名度与传播范围。

例如，惠之琳曾在中秋节进行了"留言有奖"的活动。用户在留言后根据获得点赞数排名，惠之琳赠送前三名用户每人一支卡姿兰金致胶原口红，赠送第 4 ~ 7 名用户卡姿兰萌熊乐园限量版套刷盒。令人心动的奖品让用户纷纷留言点赞，扩大了活动传播的范围，使活动获得了圆满成功。

留言互动还可以采用走心的形式。假设某个以售卖化妆品为主的个体社交电商，向用户推送内容之后，在留言区可以留下贴近用户生活的言论，如"说说我们这些年，拔草的化妆品"等，引导用户留言、评论。

（三）栏目互动

栏目互动是个体社交电商通过设立栏目，引导用户关注，进行互动，建立与用户的联系。

例如，当下十分火热的直播销售就是栏目互动的形式。社交电商可以在直播过程之中，发起抢红包的活动，吸引更多用户前来围观。

建立粉丝社群，策划吐槽等栏目，并定期向用户发送优惠券、发起免费体验、粉丝分享有礼的活动，增加与用户的黏性。

在栏目互动之中，还可进行"投票调查"，抓住用户的需求。参与调研的用户可以获得超值礼品，用户可以邀请好友一同调研，提升传播量，从而了解用户的喜好，针对用户的需求上架新产品。这些不仅可以提升用户对品牌的感官，还能提升销量。

（四）游戏互动

定期设置小游戏，开展游戏活动，能够提升用户的关注率、赋活老用户。游戏形式花样百出，如抽奖、刮刮卡、点赞送礼品、摇一摇等。设置的游戏要具备简单可操作性，易于传播，奖品有吸引力。

（五）积分互动

用户每次购物之后，可以获得购物积分，积累的积分在下次购物时可抵现金。用户的积分数量累积到一定标准时，可以成为会员，每次购物可享受9折优惠。

如果个体社交电商是在微商城形式的平台上售卖产品，还可以与平台的积分商城进行合作，为用户提供免费兑换特定产品的积分服务，或者参与产品抽奖，还可开展连续一周进入线上店铺打卡送积分等活动（图3-5）。

设置积分互动，可以提升用户复购率，保持用户的活跃度，增加用户的黏性、对品牌的认可度等。

打造个人品牌，要将内修与外练相结合，注重塑造良好的品牌形象，加强与用户的互动，从而使品牌与用户建立联系，增强品牌的可信度与影响力，成功实现变现。

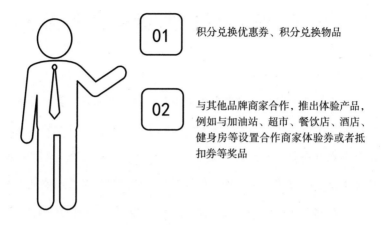

01 积分兑换优惠券、积分兑换物品

02 与其他品牌商家合作，推出体验产品，例如与加油站、超市、餐饮店、酒店、健身房等设置合作商家体验券或者抵扣券等奖品

图 3-5　积分的常见用法

　　打造品牌、实现变现的过程是培养铁杆粉丝的过程，我们需要培养多少铁杆粉丝，才能达到维持生活的标准？

3.5 得 1000 个铁杆粉丝，得天下

涪陵榨菜在近段时间频繁登上微博热搜榜，起因在于台湾的某一位专家认为：中国目前经济低迷，并以涪陵榨菜股票下跌为例，说大陆人民连榨菜都已经消费不起。这个结论引起广大内陆同胞们的愤慨与不平，纷纷在各个社交平台之上秀出吃涪陵榨菜的视频、图片等，为涪陵榨菜做了一波免费宣传。

该事件能够在短时间之内迅速发酵，是因为同胞们的爱国热情，让许多人连成一线，形成舆论的长尾，共同维护祖国的名誉、抵制带有抹黑意味的不良言论。

上述事例发酵的原因可以用长尾理论来解释。长尾理论不仅在生活之中出现的频率高，还可以将相同的原理运用到社交电商领域之中，培养铁杆粉丝。

凯文·凯利将长尾效应与粉丝效应结合，推出了 1000 个铁杆粉丝的理论：你只需要拥有 1000 名铁杆粉丝，就可以提升产品销量，提升收益，维持生活（图 3-6）。该理论被许多自媒体人、网红、网络达人等奉为单上营销的"圣经"。

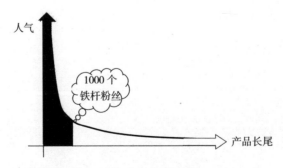

图 3-6 1000 个铁杆粉丝理论

在凯文·凯利的 1000 个铁杆粉丝理论之中，铁杆粉丝就是会购买我们的所有产品的用户。他们不仅能够为我们在社交平台上宣传推广你的产品，帮助我们提升名气，与我们进行互动，提升社群活跃度，更能为我们的产品的销量贡献一份力量，并成为购买我们的产品的主要人群。

有许多人可能会认为获得 1000 个粉丝简直易如反掌，但将他们变为铁杆粉丝"难于上青天"。普通粉丝可能参与互动，但并不会购买产品，而铁杆粉丝一定会为我们推荐的产品买单。他们会跟随我们的动态，新品一上架就会购买，并且会推荐亲人、朋友购买，提升产品销量，增加你的收益。

这一理论的本质就是打造高黏性、高变现率的社群。但并不是每一个人都可以做到如此程度，特别是没有任何基础的、白手起家的普通个体电商。

假设我们一天可以转化 1 名铁杆粉，达到凯文·凯利的铁杆粉丝定理标准，需要花费接近三年的时间，才能获得保障生活的标准。在实际情况之中，也许有许多人几天都无法转化 1 名铁杆粉。

而如今的网络市场，人心浮躁，一些急于求成的人根本不愿意去花费如此之多的精力与时间去培养铁杆粉丝。这导致部分人会走向伪造数据的道路，通过买粉丝来营造出一种自我影响力较强的局面，从而吸引一些不明就里的用户关注。更有甚者，还会通过忽悠、欺骗的方式，让用户买单。

这就是网络流行的"赚快钱"的不良风气，大多数都是一次性生意，回头客较少。这样的社交电商的道路终不会长远，我们应该坚守原则与底线去培养铁杆粉丝。

虽然获得 1000 个铁杆粉丝"道长且阻"，但依旧有方法可循。培养铁杆粉丝的第一步就是"广撒网，多捞鱼"。能够成为我们的铁杆粉丝的用户遍布各个社交平台，我们需要在各种活跃度高、流量充足的社交平台之上，创建社交账号，与更多的用户接触，从而提升获得铁杆粉丝的概率。

在获得较多普通粉丝的基础之上，我们可以在其中进行筛选，将更多的精力与时间花费在具有成为铁杆粉丝潜能的粉丝之上。这就是广泛引流，重点培养。对于那些不能成为铁杆粉丝的用户，不能置之不顾，而是要保持一定的联系，也许他们最终会成为铁杆粉丝。

与重点粉丝建立直接联系，是实现变现的重要途径。例如，某个体社交电商在社交平台之上售卖快销产品，虽然有 1000 个铁杆粉丝的支持，但这些粉丝的回购率也无法保证。因为无法保证铁杆粉丝会一直喜欢这种产品，也不能保证每次推出的新品都会受到铁杆粉丝的喜爱与追捧。

因此，应该与铁杆粉丝通过微信、QQ 等渠道，保证与铁杆粉丝的直接联系，与他们进行交流与互动，及时了解他们的消费需求的变化，抓住他们的痛点，并推出符合他们心意的产品，从而提升产品的变现率与传播范围。

凯文·凯利的铁杆粉丝理论为我们发展粉丝提供了一个较为正确的方向，但在实践之中，我们可能会发现需要获得铁杆粉丝的数量，会随着行业的不同而发生变化。例如，一位卖中高端画作的商家，可能只需要 500 名铁杆粉丝，就可维持生活；而以售卖平价产品的商家，可能需要 5000 名粉丝才能维持生活。

所需的铁杆粉丝数量与主要产品的单价、成本等关系密切。单价越高，成本越低，获取的利润越大，所需要的铁杆粉丝数量就越低。

凯文·凯利的铁杆粉丝理论只阐述了各行业所需铁杆粉丝的平均水平与平均标准，但铁杆粉丝的数量不应只局限在 1000 这一数字之内，铁杆粉丝多多益善。

除了拥有更多的铁杆粉丝之外，还需要扩大普通粉丝的引流，扩大传播的范围。越多的流量将会提升产品的销量，我们将会获得更多的利润，拥有更为广阔的市场发展前景。

引流的第一步就是提升自己在各个社交平台上的账号的价值，让用户能够在第一眼就对我们的账号产生良好的印象。

3.6 五步让自己的账号变得有价值

在日常生活之中，我们如果对一个初次见面的人莫名其妙地产生厌恶感，即使在以后的交往之中发现这个人很好，但依旧很难产生好感。这就是"首因效应"，即"第一印象效应"。

"首因效应"在社交电商领域同样适用。用户对某一个体社交电商产生的第一印象很重要，这不仅影响着社交电商在未来的发展，还是决定用户是否在第一眼之后就愿意关注、互动的重要因素。

如今，个体化的社交电商与个体多如牛毛。有许多依托于社交平台发展的个体社交电商，会在昵称前加上字母"A"，简介之中排满了密密麻麻的联系方式或者产品介绍，面对这样的社交账号，很难勾起用户添加的欲望。

这样的账号让用户对其的第一印象变差，即使今后的营销工作开展的十分精彩，也很难吸引用户的目光。

应该如何打造引人入胜的社交电商账号，增强账号的可信度与威信力呢？以下五个步骤，帮助各个社交电商打造优质账号。

一、第一步：设置具有辨识度的账号昵称与头像

如今，账号的宣传基本上都是通过二维码来呈现，但昵称与头像仍是用户关注的第一点，因此不能随意对待。

（一）设置辨识度昵称的注意事项

一般而言，我们的昵称与名字发挥的作用相似，是用于区分他人的人文标识符号。简介与头像等我们可以随时更改，但昵称随意更改，会让用户无法快速地找到我们。

账号尽量避免使用特殊符号或者一连串的大小写字母混合；尽量保持连贯简洁，能够在用户心中留有一定印象；在各个社交平台上的昵称保持一致，"多撒网，广捞鱼"，实行多线引流；昵称主要是面向用户，发挥寻找拓展人脉、进行交易的作用，不必带有强烈的个性化特征，而是让用户感到可信。

例如，作为个体社交电商，我们在设置昵称之时可以直接采用真名，让用户感受到我们的真心，从而增加在用户心中的可信度；或者在昵称前后直接加上行业相关的标签，让用户能够快速明确我们的销售的产品内容，如张某芋圆等；或者采用品牌＋产品的方式设置昵称。

（二）头像的设置

头像与昵称共同组成了我们在社交平台上的脸面，会显露出我们的性格特征。社交电商的头像可以依据自身的特点来选择。

如果无法找到符合自己心意的图片，可以用自己的照片作为头像，但尽量不要采用合影的照片，这会使用户产生照片上的人都是商家的观点。

不论我们采用何种图片做头像，保证图像清晰是前提，一个模糊的头像往往很难获得用户的信任。更换头像的频率为一年 1 ~ 2 次，如果太频繁，也会使用户产生不信任感。

二、第二步：设置简洁有力的简介

昵称与头像是脸面，简介如同衣服，光鲜亮丽与衣衫褴褛虽然都能引起关注，但效果却是千差万别。在大多数平台上，简介一般会排列在昵称的下方，陌生用户会根据简介判断是否接受我们的好友请求（图 3-7）。

撰写简介需要秉持简洁、真实的原则，在字数限制之内让用户明确我们的工作，有需求的用户自会接受添加好友的请求。

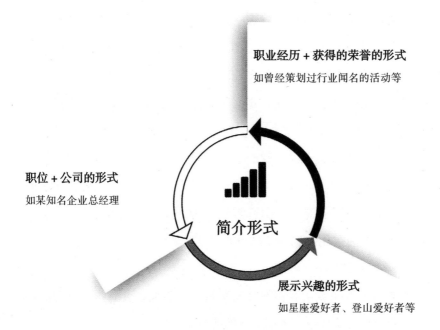

职业经历＋获得的荣誉的形式
如曾经策划过行业闻名的活动等

职位＋公司的形式
如某知名企业总经理

简介形式

展示兴趣的形式
如星座爱好者、登山爱好者等

图 3-7　撰写简介的常用形式

通过上述方式撰写的简介，简洁有力，不似是而非，增加可信度。还有可能会吸引具有相同爱好与兴趣的用户主动添加。

三、第三步：进行官方认证

账号的官方认证是增强可信度的重要步骤。申请官方认证需要提交真实有效的资料，如营业执照、组织机构代码、公司地址、有效的联系电话等。通过后台审核后便能得到官方认证的标记。

因此得到官方认证就相当于具备较强的可信度。除此之外，获得官方认证之后，还能得到更多的特权。

四、第四步：成为会员

作为个体社交电商，在各个社交平台上活跃之时，成为会员，会获得许多便利。

微博会员可以开启置顶功能，提升可关注人与可拉黑的人的上限等；成为 QQ 会员，在用户的好友列表排列位置靠前，还能提升 QQ 群人数的上限等。

在许多社交平台之上，成为会员会具有被搜索的优先权。例如，某用户根据自己的爱好、需求搜索相关社群、商家时，系统会将成为会员的商家排在搜索结果的靠前位置，这样有利于增加引流与传播量。

对于已经具备名气的商家账号，最害怕的事情莫过于被盗号，这可能会使我们前期花费大量精力与时间经营账号的心血付诸东流。成为会员，会提升平台对账号的保护程度，不会轻易被盗号。

成为会员，虽然要花费一定量的金钱，但会规避较多风险。

五、第五步：打造权威

权威在用户心中的分量算得上"重于泰山"，在通过扩大自身影响力的同时，我们也需要注重对权威的打造。

打造权威并不是"王婆卖瓜，自卖自夸"，自己设置如"某领域专家"的昵称与简介，而是要在用户心中留下权威的印象，让用户认可我们在某一领域内的专业。

对于普通的个体社交电商而言，成为自媒体是能够提升权威的重要途径。例如，在微博上，有官方认证的电商专家、微电商达人等头衔，以及有关领域的专业排行榜性信息。获取这些官方认证，获得通过增加自身的努力闯进排行榜，并争取靠前名次，可以极大地提升威信力。

　　当然，打造权威的前提条件就是提升自己，使自身具备成为权威的资格，否则就是"绣花枕头，中看不中用"。

　　通过以上五个步骤，可以提升账号的价值，让更多用户愿意关注，扩大引流量，增加用户的认可感，从而提升用户转化率。但上述步骤只能在一定程度上提升账号的价值，而不能直接提升引流量、用户转化率。我们应该如何做才能扩展人脉，实现变现呢？

3.7　如何打通二度人脉、三度人脉

2018年下半年，我们在观看与美食相关的视频时，总会有其他用户会留言："这只鸡中暑了，不如去河边烤了。"这几乎在所有的社交平台上成为通用的"梗"，这最初来源于三农自媒体的"华农兄弟"。

"华农兄弟"，以养殖竹鼠为主业，平时会在各个品牌商发布有关竹鼠养殖的知识的视频。最终却是因为寻找各种吃竹鼠的借口，如中暑了、太胖了、不吃东西等，在一个月涨粉140万，并受到新闻联播的采访，成为家喻户晓的竹鼠养殖户，还吸引了新加坡的媒体前来（图3-8）。

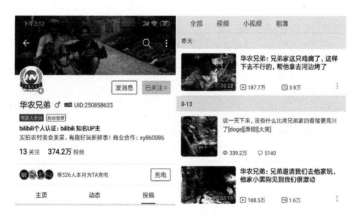

图3-8　"华农兄弟"bilibili账号首页截屏

"华农兄弟"的每个视频的播放量几乎都达到了百万粉丝的水准，评论量也较多，甚至在美食圈掀起了一场吃竹鼠的热潮。三农自媒体因"华农兄弟"的走红而迎来了发展的春天，实现竹鼠养殖销售与社交流量的双重变现。

为何"华农兄弟"能够迅速在各大社交平台蹿红？其根本原因就在于人脉。华农兄弟通过视频将用户纳入一张联系紧密的人际脉络之中，提升传播效率与传播范围，实现快速引流。

此"人脉"并非我们平时所认知的狭义观念，如通过认识更多的人，建立联系，方便办事等认知，而是通过人际关系形成人际脉络，构成更广范围的传播。

一、人际脉络的构成

一般而言，人际脉络分为一度人脉、二度人脉与三度人脉三层，如图3-9所示。

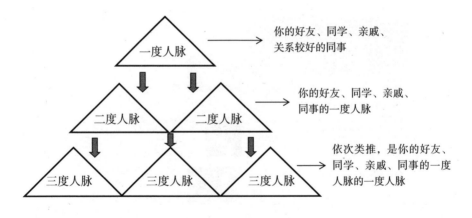

图 3-9　人际脉络示意图

网络社交关系错综复杂，如同一张巨大的蜘蛛网，将每个人都联系起来，也许是有形的联系，但更多的则是无形的联系。挖掘二度人脉与三度人脉是扩展自身人际脉络网的重要途径。将二度人脉、三都人脉转化成一度人脉，将他们的人脉转化成为二级人脉，依次类推，人脉转化数量将会成倍增长。

何愁无法引流增粉？

但在人脉的转化过程之中，要把握分寸。例如，微商的口碑被毁，主要源于一部分微商没有把握转化的分寸，急功近利。为了利益，将"三无产品"推荐给自己的朋友、亲人。这些一度人脉可能会因为情感因素购买产品，或者帮忙宣传产品，最后却因为产品的质量问题，使一度人脉、二度人脉受损，得不偿失。

构建二度人脉、三度人脉，不仅需要通过一度人脉获取他们的联系方式，更需要与他们建立良好的关系，并经营得当。

二、打通二度人脉、三度人脉的方法论

挖掘人脉的本质是用真心换真心，如果仅仅是为了利益去挖掘人脉，唯利是图，很容易走向失败。

在生活之中，我们不难发现一些人做事情总是找自己的亲人、朋友帮忙，最后没有达到预期的效果而抱怨亲人、朋友的人大有所在。得道多助，失道寡助，这样的人注定无法走得太过长远。我们可以通过以下方法论的指导，来挖掘人脉。

（一）提升自己的高度

挖掘人脉的第一步就是提升自己的高度，包括眼界、实力。提升自己的眼界，让自己不被眼前的小利蒙住双眼，以长远发展的眼光去经营一度人脉、二度人脉的关系。"真金不怕火炼"，拥有过硬的专业技术，不仅能降低获取二度人脉的难度，还会吸引二度人脉主动找上门来。

实力不仅包括自身的专业技术，还包括"靠谱"的行事方法。锦上添花不如雪中送炭，一个成功变现的个体社交电商，往往会在二度人脉需要的时刻出现，为其提供想要的产品。这会让他们感到很"靠谱"，觉得你值得信赖，从而打造二度人脉。

（二）寻找媒介资源

挖掘二度人脉，不是简单的社交互动，而是通过某些资源，不知不觉地将产品信息传播出去，在潜移默化之中获取二度人脉。在这一过程之中，起到媒介作用的资源主要包括以下几部分。

1.专业技能

通过专业知识解答潜在的二度人脉的问题，就是提供专业技能资源的重要表现形式。例如，在屈臣氏购物，导购员会询问你有什么需求，随后根据你的肤质、面部问题，做出最专业的推荐。

作为个体社交电商，需要将这些专业技能通过朋友圈、微博等表现出来，从而吸引用户关注，提升自己的可信度。

2.人脉资源

展示你目前的人脉关系。例如，与权威人士的合影、参加过知名的沙龙等，并通过一度人脉的转发，吸引二度人脉的关注。展示的人脉资源必须秉持真实的原则，弄虚作假，终究会"偷鸡不成蚀把米"。

3.资源整合能力

如果你没有较强的实力，也没有没有可以用于吸引二度人脉的人脉资源，那就一定要具备资源整合能力。明确自己的一度人脉的构成，了解他们的职业、资源以及需求。在维系情感的基础之上，充分发挥他们的价值。

（三）提前预热

提前预热是在已经建立二度人脉的基础之上的预热，将二度人脉转化为一度人脉，其本质就是将社交弱关系转化为强关系（图3-10）。

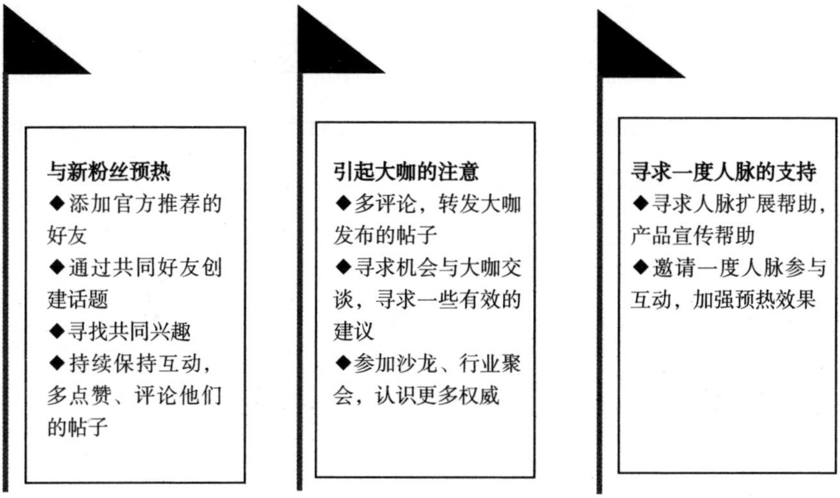

与新粉丝预热	引起大咖的注意	寻求一度人脉的支持
◆添加官方推荐的好友 ◆通过共同好友创建话题 ◆寻找共同兴趣 ◆持续保持互动，多点赞、评论他们的帖子	◆多评论，转发大咖发布的帖子 ◆寻求机会与大咖交谈，寻求一些有效的建议 ◆参加沙龙、行业聚会，认识更多权威	◆寻求人脉扩展帮助，产品宣传帮助 ◆邀请一度人脉参与互动，加强预热效果

图 3-10　提前预热的方式

（四）通过朋友、网络扩展人脉

通过朋友介绍，认识二度人脉，获取其联系方式，通过自身的实力与人脉资源展示，提升自身的可信度，并通过长期的联系，建立情感链接。

相比于朋友介绍，在网上挖掘二度人脉则更为容易，还可以借此发展三度人脉。

例如，微博会显示已经与你互粉的用户，可以在这些用户的主页，寻找到他们关注的人，了解他们的共同点，挖掘他们的痛点与需求之后，再与其进行交流；QQ 则会直接通过你与好友的列表的相似之处，主动推荐；微信可以通过摇一摇添加附近的人。这些渠道都是挖掘二度人脉的有效方式。

打通二度人脉、三度人脉，与武侠小说之中打通任督二脉有异曲同工之妙，在打通之后，将会以极高的速度成长、发展。不仅可以提升涨粉的速度，提升影响力，还能加快变现的速度。

　　将弱关系转化为强关系，通过二度人脉、三度人脉实现变现的重点在于打造社交认同感。即使与用户建立了深厚的情感联系，他迫于情感购买你的产品，但没有认同感，他也不会主动帮助你的产品做宣传，还会冲淡你与用户之间的情感联系。

第 4 章

产品成交，赢在社交认同感

社交变现需要认同感。通过创建温暖的人性化品牌形象，输出擅长的内容，打造用户的认同感，让用户舍不得离开社群，并成为你的布道者，心甘情愿为你的产品进行宣传。这需要你用真诚的心与一些小技巧，建立与用户之间的深层联接，实现用户认同感的"设计"。

4.1　社交需要认同感

　　每次回家，路过小区的广场时，总会看见一群中老年人，放着一些经典的歌曲，围在一起跳舞，有时是集体舞，有时是双人舞，让人不禁生出一种岁月静好的感慨。

　　前几年，广场舞成为各大平台热议的话题，广场舞大妈与篮球少年争夺篮球场地是事件，更是在网络上掀起一场狂澜。从此，广场舞慢慢调低了音响，选择的时间也更为合适，慢慢趋向文明跳舞。

　　有一位跳广场舞的大妈曾说："如果我跳得够快，孤独就追不上我。"广场舞几乎成为中老年人都会参加的娱乐活动。为何广场舞如此火爆，历经几年时间仍不见消退，直至成为一个时代的特殊印记？

　　追根溯源，跳广场舞不仅是为了健康，更是为了集体认同感。

　　热衷于跳广场舞的中老年人，有部分是从老家来帮助子女照顾孩子的；有的是特地投奔子女；有的是子女为了方便照顾，而将其接来共同生活的；有的是子女已经在外成家立业的空巢老人。

　　而子女每天都需要为生活奔波忙碌，无法抽出较长的时间陪伴老人。跳广场舞，不仅能够强身健体、消磨时间、排解寂寞，更能拓展社交圈，并在这个圈子之中寻得存在感与认同感，重新找回生活的美好。

　　从广场舞火爆的根源出发，我们可以了解到社交需要认同感。

　　根据在上文之中提及的马斯洛需求理论，跳广场舞的中老年人所需的认同感是属于第三个层次，即社交需求，包括对爱与归属感的需求。时代在不断地变化，有部分老人已经无法快速地跟随时代前进的步伐，让他们感受到自身与年轻人之间的差距越来越大，从而产生无力感。但在跳舞之中，同龄人之间的差距较小，他们会体验到自己活着的用处与价值。

不仅是中老年人需要从社交之中获取认同感，对于所有具有社交关系的人而言，都需要认同感。

如果社交没有认同感，会让人无法感受到他人的关怀，无法对社会、集体产生归属感，会对自己生出一种没有任何价值的认知。越是在社交之中得不到认同感的人，越是会通过社交追寻认同感，这看似是一件矛盾而又可悲的事件。

例如，一个孩子，没有从家庭社交之中感受到父母的爱护，他可能会通过叛逆的行为来引起父母的注意，虽然结果往往适得其反。

再如，一个缺乏朋友关心的人，很可能会在生活之中会通过讨好周围的人，寻找更多的朋友。成为大家口中的"老好人"。

这都是在通过社交寻求认同感的事例。获取认同感是社交的目的，社交是获取认同感的重要途径。不仅是人需要社交认同感，产品也需要认同感。

那些带货网红能够一呼百应，带货能力十分强悍，就是因为用户的认同感。用户对网红的认同感越高，对该产品的认同感也就越高。

例如，辛有志，神秘低调地入驻快手，在一周之内俘获50万粉丝的"芳心"，脱离了被官方打压的微商身份，并逐步成为网红"带货一哥"，被人誉为"90"后的电商奇才。其开设的淘宝店铺的产品月销量几乎都达到上万水平，为何如此？

辛有志拿出几十万回馈粉丝，给粉丝赠送礼品；并通过直播让快手用户了解农村的发展动向；在平台上售卖的产品不经过任何修饰，让用户了解产品的真实状态。这些行动，让用户对辛有志本身与其所销售的产品产生较强的认可感（图4-1）。

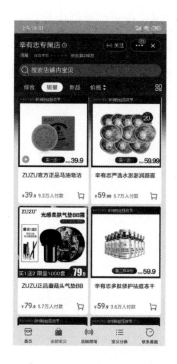

图 4-1　辛有志淘宝店铺截屏

对于社交电商而言，用户对产品的认同感，最开始是由用户对其本身的认同感转化而来，而用户对社交电商的认同感则来自双方之间的交互。

依旧以跳广场舞的中老年人为例，他们通常会在跳舞时聊天，交流超市打折等相关信息，互相学习"物有所值"的消费技巧。

如果有一位跳舞的大妈发现某一件产品物美价廉时，就会迅速在跳舞圈子之中将这一信息传播开，从而提升该产品的销量。他们虽然对品牌没有较高的认同感，但对其他人亲身体验过的产品或者服务怀有较强的认同感。

由此可见，人们通过社交获得的认同感也会提升产品的成交量。对于超市打折促销类产品，自然有一众用户帮助宣传，在推荐的过程之中提升其他用户对该产品的认同感，促进销量的提升。

但作为普通的个体社交电商，在没有用户主动宣传的情况之下，要如何提升目标用户对产品或者品牌的认同感呢？设定一个有温度的产品品牌人格，是一个有效的方式。

4.2　设定一个有温度的人格

"一壶温酒"可以让人联想到什么？是"此生逍遥君子意，一壶温酒向长空"的洒脱；是"一壶温酒喜相逢"的喜悦；还是"晚来天欲雪，能以一杯无"的闲适……

"一壶温酒"这一黄酒品牌将这些联想都融入至自己的品牌人格之中。该黄酒是"陕西省非物质文化遗产传承"手工原酿酒。在运营品牌时，设置的就是"一壶酒，暖人生"的形象定位。因该黄酒本身具备驱寒暖身、养生等功能，不仅真正意义上做到了"暖"，还通过人格的塑造，使"一壶温酒"黄酒成为在世态炎凉的情景之中的一点安慰、一点温暖。

正是产品质量的高超与塑造的温暖人格，使"一壶温酒"黄酒一经面世，引得用户疯狂购买，最终面临全面断货的情况。

除了保证产品的优质品质之外，塑造一个有温度的人格，也是使用户对产品产生认同感，从而提升销量。

菲利普·科特勒作为现代营销大师，直接点明了品牌人格的塑造极为重要。他认为，塑造成功的人格化品牌形象就是企业、品牌与产品的最好的公关，不仅能够使品牌与用户的联系加深，还能增强用户对品牌的认同感，从而使用户与品牌产生情感链接。

通过人格化的塑造，品牌在用户心中已经不再是产品的单薄形象，而是一个有形象、内涵、个性的丰满的人。

那么应该如何为品牌塑造一个有温度的人格呢？

一、展示灵魂人物的立体形象

通过上文，我们了解到用户会将对人的认同感，转化为对产品、品牌的认同感。因此，塑造品牌的温暖人格，可以通过展示创建品牌的灵魂人物的形象，来提升用户对品牌的认同感。

例如，顺丰通过对其总裁——王卫的形象的展示，凸显顺丰的企业价值观，是顺丰品牌人格化道路之中的画龙点睛之笔。在 2016 年，一名顺丰的快递小哥在送快递的时候，与一轿车车主发生轻碰撞，车主不仅对快递小哥恶语相向，还动手打人。一向低调的王卫，在朋友圈发声，要将这件事追究到底，否则就不配做顺丰的总裁。

王卫作为顺丰的总裁，其行为不仅代表着个人，也代表着企业的形象。王卫对员工的有情有义，向用户传递出顺丰的责任感与正义感，使用户对顺丰快递放心，加强了用户对顺丰这一品牌的认同感与信任感。

品牌灵魂人物正面形象的展示，可以让用户移情至品牌本身。品牌灵魂人物贴近生活的行动，对塑造品牌温暖化的人格形象有巨大的正面作用。但展示的形象必须是真实且具备说服力的，否者只能形成品牌的负面形象。

二、打造贴近生活的品牌故事

具有故事的品牌才具备拥有温暖人格的基础，是拉近与用户心理距离的不二法则，是构建交互桥梁的重要途径。

例如，农夫山泉，是通过打造品牌故事成功塑造温暖人格的代表性企业之一。也许有许多人在电梯中可能看见过《一百二十里——肖帅的一天》这一广告。这是农夫山泉的广告，主要内容为：作为农夫山泉源头检测员的肖帅，每次需要往返山路 120 里检测水源。

农夫山泉的另一支广告《最后一公里》，讲述了农夫山泉送水工尼玛多吉在西藏送水，每次都需要放过几座大山，海拔高度都在 5000 米以上。

农夫山泉通过这样的故事，向用户展示其水源的干净、其运输能力之强，并凸显出农夫山泉是"大自然的搬运工"的特征。用一个个贴近生活的员工的故事，共同组建成品牌故事，将品牌变成一个平易近人的人格形象。

什么是最有温度的品牌？能够道出用户心声，为用户着想的品牌就是具有温度的品牌，而贴近生活的品牌故事只是将这一点展示出来。

三、兼具共性与特性

人，是一种既具备共性，也具有个性的社会性动物。打造有温度的品牌人格，就是要将人特有的东西或特性赋予品牌。因此，具备温度的人性化品格，也需要如人一般，具备共性的同时，兼具个性。

（一）共性：拉近与目标用户的距离

"物以类聚，人以群分"，人们与同道之人相处之时，往往格外放松，更易达成一致看法。同理，品牌与用户建立共性的连接，更容易获得用户的认同感。

例如，知名的国际化妆品品牌——REVLON，在打入中国市场之前，分析品牌与我们中国人的共性，了解到全国上下对唐诗宋词的推崇度很高，于是将其品牌名译为"露华浓"，来源于诗仙李白的《清平调》：云想衣裳花想容，春风拂槛露华浓。

这一译名不仅具备极美的意境，还与中国人民喜爱唐诗的共性联系起来，拉近了用户与这一品牌的距离，增强了用户对该品牌的认可程度。用户在提起"露华浓"这一品牌时，就会在脑海之中浮现一个优雅美丽的女子形象，这为其进入中国化妆品高端市场扩展了道路。

共性就是凸显与用户一致的性格与思考等方面的共同特征，让用户与品牌"心有灵犀一点通"。在用户需要时，能够及时推送给用户需要的产品；用户想要什么，都能提前想到，在用户心中形成"及时雨"的形象。

（二）个性：保持吸引用户的特质

品牌个性化人格的塑造建立在保持共性的基础之上。

进行有温度的品牌人格创建可以走怎样的路线？可以走亲民路线、优雅路线、高端路线、朴素路线等，虽然路线不同，但都殊途同归，最终都是能够给予用户某一种情感，打造温暖人心的品牌形象。

温暖就是品牌人格化的共性，路线就是凸显人格化品牌的重要途径。品牌不一样的路线，就如同人们具有不同的性格与气质，让品牌在众多品牌之中脱颖而出。

例如，江小白创建的个性化形象是：一个在外漂泊工作的文艺青年形象；方太的人格化形象为：守护家庭幸福的守护使者……

各品牌虽然走的路线不同，打造的形象千差万别，但几乎都能让用户感受到品牌的温度，都具有极强的感染力，通过短短的文案创作，就能激发用户的情感共鸣。这不仅能够拉近用户与品牌的距离，还能让品牌在用户心中形成个性鲜明的品牌形象，保持对用户的吸引力。

具有共性而又各具特色的人格化品牌，不仅能够满足用户的对产品的实用诉求，还能满足用户的精神需求与心理诉求，从而增强用户对品牌的认同感，保持对品牌的忠诚度。

为品牌设置一个有温度的人格，提升用户的认同感，凸显品牌与用户的强联系的情感链接，达到"住进用户的心间，与用户默然相爱，寂静欢喜"的境界。

4.3 持续输出你擅长的内容

在具备社交属性的哔哩哔哩弹幕网上（B站），日更的上传主明显比周更的上传主更容易与粉丝建立更深层次的联系。而月更的上传主的流量明显不如日更区与周更区的上传主，除特别有名气的上传主除外。

在该平台上投放视频的上传主都会对自己有一个准确的定位。美食区、游戏区、影视解说区、鬼畜区等歌曲上传主各司其职，除了偶尔的联合互动之外，基本上都只会发布自己擅长的、与自己所处的圈子相符的视频稿件。这不仅能够保证用户的黏性，而且可以避免因内容属性经常变换导致用户流失的情况。

个体的社交电商持续在社群向用户输出自己擅长的内容，也是提高用户认同感、创建有温度的品牌形象的重要途径之一。

一、持续输出擅长内容的重要性

社群内容输出的本质就是打造用户认可度较高的互联网产品。也许，这些互联网产品并不是实际销售的产品，但确实是能够带来收益的内容产品。例如，B站上的上传主发布的视频，并不是每一个视频都具有广告收益，但这是引流的重要途径，是为了提升获取广告的机会与拓宽渠道。

在内容输出之前，首先要对粉丝用户进行精准定位，明确用户具有何种需求，而后根据自身擅长的领域制定输出内容。在社群发布内容之后，要进行及时的反馈，收集用户的建议与想法，从而进行内容改进，在自己擅长的领域制作出符合用户口味的优质内容。

输出内容社群内容与制定产品具有相似之处，都需要有一个统一的基调，虽然产品多种多样，但都应该围绕某一个基调进行设计产品。例如，一个以化妆品为主打产品的个体零售商，可以售卖眼影、洁面奶等产品，但是去售卖马桶，就不能服众。

制定内容也是同样道理，如果各种内容、元素都添加进来，往往无法聚焦目标用户，无法增强用户的留存率。有人也许会反驳，百科全书式的内容输出，也可以聚集各方面的用户。虽然这样的内容可以在短期之内大量引流，但制定这样的内容难度较大。如果不具备各行各业的专业知识，制定出的内容往往会出现一些漏洞或者行业的常见错误，贻笑大方。

因此，在社群传输的内容应该是自己擅长的领域知识，输出的频率应是连续的、定时的、周期较短的，围绕满足用户的核心诉求，输出符合用户喜好的内容。

那么，我们在社群之中输出的自己擅长的内容具体有哪些呢？

二、输出常规内容

常规内容是每一位个体社交自媒体人，或者个体社交电商都可以输出的内容，目的是为了加强用户的印象，避免因精品内容推送的时间间隔较长，而使用户流失。如图 4-2 所示为常规内容的 5 大类型。

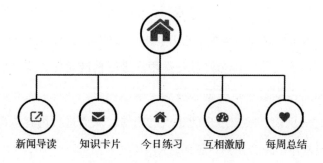

新闻导读　　知识卡片　　今日练习　　互相激励　　每周总结

图 4-2　常规内容的 5 大类型

每天打开微博，就会发现自己关注的带货网红都会发布一条晨读帖子，在社群之中也会有运营人员发布当天的新闻，或者一个鼓励人心、具备正能量的小故事。加深用户对品牌的印象，这就是新闻导读。

知识卡片就是向用户提供相关的专业知识，常用于售卖教辅类资源与服务的领域。例如，文都考研的英语首席主讲名师何凯文，每天会在微博发布一句英语供考研的用户练习，巩固知识，如图 4-3 所示。

图 4-3　文都考研英语每日一句的微博截图

知识卡片不仅能够使用户获得有些知识，还能加强与用户的交互程度。通过传输专业知识，让用户了解你的专业程度，从而增强用户的认同感与信任感。除此之外，还可以在知识卡片的基础上，引导用户进行每日打卡，反馈自身的情况，有利于收集用户信息、寻找用户的需求与痛点。

不仅是教育行业可以使用知识卡片的形式传输内容，其他行业也可以使用。例如，化妆品行业，可以传输化妆小技巧、洁面小知识等内容，用以增加与用户的黏性。

互相激励是与用户进行互动的有效方法之一。例如，售卖减肥产品的个体社交电商，就可以发动社群内的用户制定自己的目标，并将每日完成的情况发送到社群的运营处，随后经过整理，将相关数据发送到社群之中。这不仅可以让其他用户了解产品的功效，还能督促用户减肥。增加用户对品牌的依赖程度，与用户建立更深层次的联系。

每周总结的内容可以输送产品的销量、其他用户的评价以及对用户需求的反馈。目的在于让用户明白你以用户为中心，愿意采用透明化的方式让用户参与到产品的管理过程之中，增加与用户的交互，让你与用户之间的弱关系逐步转化为强关系。

通常而言，常规内容的传输需要有固定的时间，大部分人选择在早7点、晚7点的时间传输内容。早7点，大部分上班的用户开始起床；晚7点，用户已经下班。在这两个时间段传输内容，可以扩大内容的传播范围，使更多的用户看到你输出的内容。

常规内容的输出，只是为了保障内容输出的连续性，增加与用户互动的频率，防止用户因长期不更新而流失。而真正能够聚焦用户，具备实现变现能力的内容是制作的精品内容，即增值内容。

三、输出增值内容

增值内容是能够解决用户特定的需求与痛点的内容输出，是通过常规内容的用户反馈、收集用户的信息，制定出的精品内容。

　　例如，某用户在传输的化妆品的常规内容之下留言，希望社群运营团队能够测评一下某产品的实效，或者介绍某一新品的效用。如果这条留言获得其他用户的大量点赞，就可以将其作为下期增值内容的重点。

　　增值内容的设置，不仅能够解决用户的问题，增加用户对你的认可度，还能增强你的影响力，让广告自动上门，实现销售产品与接取广告的双重收益。

　　传输增值内容与常规内容的渠道也有所不同（表 4-1）。常规内容一般在社群传输，而增值内容可以通过多动渠道传输，例如微信朋友圈、微博、QQ 群等，还可以直接推送给个别用户。

表 4-1　增值内容的传输渠道的优缺点

增值内容传输渠道与方式	优点	缺点
多平台传输，如微信、微博等	让更多用户看到该内容，进行大规模引流	提升用户留存率是一大难题
社群公告、社群消息	内容对接的用户精准，方便用户查看	容易被后来的信息淹没，有部分用户可能无法看到该内容
私信	提升用户的关注程度	频繁私信容易引起用户反感

　　不同的传播渠道，与用户的接触程度不同，要根据用户具体的特征与内容特征选择最合适的方法进行传输。

　　持续输出你擅长的内容，在用户心中塑造一个专业的形象，从而增强用户的认同感，为创建有温度的人格化品牌创造条件。通过内容的传输，建立具有黏性的社群，为用户获取信息提供平台。但如果内容无法吸引用户，用户开始纷纷退群，应该如何应对这种情况？

4.4 创造"认同感"，让用户不舍得退出群聊

小薇是一个以微信朋友圈为平台，以售卖护肤品为主的个体社交电商。为了发展业务，小薇建立了一个护肤品社群，不仅发动亲朋好友拉人入群，还在闹市区举行进群送礼的活动。效果明显，其微信群初步已达到400多人的规模。

但在一周之内，群内成员迅速缩水，骤减至200人，小薇为此十分苦恼。

为什么小薇的建立的微信社群会出现不断有用户退出的情况？究其本质，在于用户没有认同感。通过创造认同感，提升用户的留存率，是让用户舍不得退出社群的关键。

在社群之中创造认同感的前提就是了解社群运营的目的，即打造品牌形象、提升品牌的知名度与影响力。

运营社群不仅是聚集用户的途径，也是收集用户数据、了解用户需求、获得产品反馈的重要渠道。社交电商可以通过收集分析得出的信息，设计出符合用户口味的产品，并加以改进，不断探索产品与用户的关系，增强品牌的知名度，在电商竞争的红海之中占领市场先机。

而实现上述目的的关键就是用户的认同感。

一、认同感的重要性

认同感来源于归属感。当一个人对其所处的环境、组织产生归属感之后，就会对周围的环境与组织产生认同感。

在企业运营之中，让员工产生认同感，可以促进企业上下同心，是促进企业发展必不可少的因素之一。社群运营与企业运营有相似之处，都是

通过认同感，来实现组织的统一性，增加人与人之间的黏性，是促进发展的重要方式之一。

　　这其中的大多数用户可能都是因为某一个品牌、某一件产品或者某一位知名网红，而聚集在一起，用户之间的联系较为薄弱，这种微弱的联系随时可能被用户单方面切断（图 4-4）。

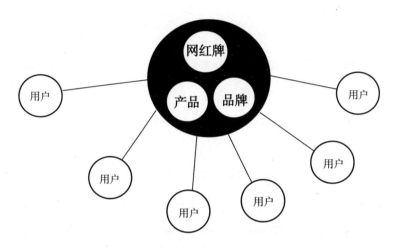

图 4-4　社群之中用户之间的关联

　　这种单向的社群关系是围绕某一个中心点，或者一个中心用户，构建而成的弱关系体系。一旦社群运营人员，不能及时地在社群之中进行交流，或者开展能够吸引用户兴趣的交互活动，社区内部的人员可能会呈现出一种非常松散的状态，最终形成各自为营的小团体。这就是基于陌生人建立的社群。

　　相对于陌生群体的社群而言，熟人社群更容易运营，因为这个社群之中的人本身就处于同一个圈层之中，拥有更多的社交关系。在此种社群之中，只需要给用户打造一种归属感，就能轻易构建强关系的社交社群。

这不仅是为了构建品牌与用户之间的联系，更是为了使用户与用户之间，用户与品牌之间形成一个良好的交互状态。每一个用户都是社群的管理者与经营者，可以在社区之中进行自己的生意上的往来。

不论是基于陌生人建立的社群，还是依据熟人关系建立的社群。其本质都在于为用户提供某些快捷性的服务，实现以利益关系为社群纽带到以情感为纽带的转变过程。

如此，才能为社群的发展提供源源不断的活力，通过社群用户的影响力不同，发挥自身的价值，吸引更多的用户加入进来，并不断促进社群的发展。

这样一来，社群本身就有了持续下去的动力。

二、通过"稀缺"提升社群成员的认同感

在上文中提到的有关用户认同感的创建，主要在于让用户在社群之中寻求到自身的价值，从而对社群产生一种归属感，愿意为社群的发展贡献一份力量，即让用户"脱离普通"。

有许多社群会通过下放社群管理权限，让部分用户成为社群管理员，提升用户实现自我价值的热情。但社群之中的管理员如果设置太多，会导致管理混乱，还会降低用户从社群管理之中得到的价值感。

管理员的人数有限，而用户数量相对而来较为庞大，通过数字多少的比较，让用户形成管理员岗位很稀缺的直观认知。这就是"物以稀为贵"的道理。

经济学之中的供求关系与此有相似之处，同一类型的产品在市场上的供应量变大，而用户群体的需求却没有增加，因此会出现供过于求的现象，与之相反的是供不应求的现象。

例如，小米手机的饥饿营销，就是利用供不应求的经济学原理，让用户对小米手机产生认同感。社群运营也可以适当借鉴饥饿营销的原理，借此来提升用户的认同感。以下是社群"饥饿"运营的几个小技巧，以供大家参考借鉴。

（一）设置社群管理人员数量限制

一般而言，依托于微信群、QQ群等社交圈层所建立的社群管理人员限制在5名左右。假设一个社群之中有300名用户，5个管理员，就相当于每一个管理员对应着60名左右用户。

一个人要同时应对60名左右的用户，听起来似乎不太可能，但实际上却是绰绰有余。一个拥有300名用户的社群，每天同一时刻，真正进行交互的用户一般只有50名左右，因此与每个用户的交互难度并不大。

从另一方面而言，管理人员设置太多，无法显现他们的优秀之处，会带来用户价值感的下降。在学生时代，获得"三好学生"的奖状是一件令人十分自豪的事件，这代表着学生的最高荣誉之一。如果班级上的每一个人都被评为三好学生，那这一称呼的意义何在？

社群运营也是如此，如果管理员设置得太多，会让用户在出现问题时，不知该听取哪位管理员的意见。在用户心中，还是最先建立社群的管理员最为可靠，而有些管理员因无法在用户群体之中建立威信力而不能胜任这一岗位。

（二）表彰参与管理的用户

在每次开展完社群活动之后，可以为表现优秀的前几名用户赠送小礼物，感激他们对社群做出的贡献。不仅是活动运营需要表彰用户，在日常运营之中也可以如此。每周可总结用户的活跃度，并表彰前几名用户。

在社群之中观察许久之后，你可能会发现特别爱聊天、爱吐槽的部分用户是对产品最熟悉的人群，他们总是热心地帮助其他用户解答问题。在吐槽产品的同时，会让你发现产品存在的问题，有时甚至会提出具有建设性的建议。他们总能带动社群的氛围，为其他用户创造良好的氛围。这部分用户应该是需要受到表彰的重要群体。

也许有人会对这种简单的方式提出质疑，但在长期的实践过程中可能会有意想不到的效果。

（三）让用户感受到重视

当用户在社群进行讨论时，或者开展社群活动之时，应该以用户为中心，而不是走形式。例如，在提到用户提起的建议时，可以直接在群中@用户并表示感谢，并赠送小礼物。

直接@可以让其他的用户了解到提出建议不仅可以提高产品的质量，还能获取实质的收益，从而促使用户积极地参与到社群的运营与管理的过程之中。但这种方式不能太过频繁，否则就无法激起用户的积极性。

（四）运用情感牌打造认同感

每个人都渴望被他人认可，在有限的生命里寻求到自身存在的意义，那样才不会因碌碌无为而悔恨。在社群之中，时常赞美他人并非所谓的虚伪，而是让其他用户能在一个轻松愉快的环境之中放松自己，寻求到人生的美好，让疲惫不堪的心灵得以暂时的休憩。

创建一个用户都认同的社群，不是将用户都聚集在一个地方，用一些条条框框去约束用户，而是让用户舍不得离开社群。留住用户的心，往往比只留住用户的微信号要好得多。

4.5　把粉丝变成布道者

从社交电商最本质的目的出发，培养用户的认同感，是为了实现流量变现。与传统的"一手交钱，一手交货"的变现方式相比，更增添了几分人情味。也许有部分人会认为，这是在变卖感情，实则不然。以情感为纽带的社交电商也需要生存，需要物质基础的支撑，任何一项伟大的发明，都离不开背后的经济团队。

当你在社交平台上开始卖东西之时，你会发现有部分好友已经屏蔽了你的产品宣传信息，更别提与用户之间的交互了，连最基础的引流都还未达到标准。应该如何才能在粉丝用户之中推广产品？如何才能打破粉丝用户"社交电商就是利用熟人情感的、卑鄙的变现方式"这一思维定式呢？

在社交平台上，通过粉丝用户传播产品信息，本质上就是通过在用户之中推广自己，打造个人口碑，创建个人品牌。这是让粉丝用户愿意成为你的产品的布道者的前提条件。要将粉丝变为布道者，还有许多需要注意的内容。

一、明确"人就是产品与服务"的观点

在这里，"人"是指代你自己，将自己当作产品与服务，来打造良好的口碑与形象，通过提升自身的影响力来提升产品的口碑，让粉丝、让粉丝用户成为产品与品牌的布道者。

"我是陈欧，我为自己代言"这一句广告语相信大家并不陌生。当初在网络平台上甚至还根据陈欧为自己代言的广告文案，形成了风靡全国的"陈欧体"。

这种广告宣传模式彻底将陈欧与"聚美优品"在用户心中画上等号。在微博上陈欧不仅会向粉丝发放有关产品的优惠福利，还会分享生活中的一些小事情，从而拉近了与粉丝之间的距离（图4-5）。

图4-5　聚美优品陈欧的微博互动截屏

陈欧自己为聚美优品代言，在市场之上取得良好的回响效果，与其本人的品格密切相关。一部电视剧或者电影在播放前，如果演员的某些行为在社会之中造成了较大的负面影响，可能就会影响播出时间，更有甚者还需重新拍摄该演员的戏份，例如《大秦帝国》的白起。在社交新零售时代，代表人物的品格与威信力是推广成功的关键因素之一。

陈欧通过网络社交平台或者广告展现自己的人格魅力，其品格与威信力、产品的高质共同促进聚美优品的宣传推广。个体社交电商也是如此，不仅需要优质的产品与产品服务，还需要打造并保持自身的良好品格，这是让用户成为你的铁杆粉丝的前提。

二、亲自解决矛盾与问题

当社群运营之中出现问题，不能逃避，也不能含糊其词，对事件进行模糊处理，而是要明确地告诉用户解决问题的方法，并及时处理，保障用户的知情权。

"不在沉默中爆发，就在沉默之中灭亡"，如果面临问题时，你总是不亲自出面解决，即使有粉丝用户会为你挺身而出，但你的沉默以对会让粉丝寒心，认为自己为你解围也是白费功夫，长此以往用户将不会再出面维护，最终让问题发酵，成为你的品牌发展道路之上的绊脚石。

在用户面前要有担当，展现自身的人格魅力，从而打消用户对你的质疑，获得用户的认可。

当产品出现问题时，要主动向用户道歉，为用户着想，赠送礼物，表现自己的诚意。这也可以成功让社群之中其他的用户"路人转粉"，这样不仅能够解决问题，还能够借此实现二次营销。

当社群之中出现矛盾时，需要你及时地了解事件的始末，找出用户矛盾的关键。在这一过程之中，不能指责用户，而是要通过调节让双方达成和解。这也是打造和谐社群关系的重要方式与途径。

三、保障用户的知情权

用户在商场的专柜里购买一件 1000 元左右的衬衫，其成本只需要 100 元左右；一双成本仅需 100 元左右的鞋，售价也是 1000 元上下，有些保健品的售价甚至是出厂价的三五十倍……

在传统零售里，由于信息的不透明，话语权掌握在厂家、品牌商、渠道商的手里，用户是不可能有"知情权"的，这也导致了诸如三鹿奶粉、双汇瘦肉精、长生生物疫苗等问题频频出现。用户在愤慨"黑心"商家的同时，也越来越追求"知情权"。

而网络社交新零售，依托于网络售卖产品，用户在购买产品时，无法接触到真实的产品，只能根据图片来确定是否购买的问题，对产品的细节信息更是一无所知。用户知情权的缺失，会让用户对你的人格与产品产生怀疑，降低用户的认同感。

因此，保障用户的知情权是将普通用户变为粉丝的有效途径之一，也是让粉丝成为你的布道者的有效方法。如今，正值社交新零售发展的高峰期，各种社交平台与软件也呈现出百花齐放的局面，你可以依托于社交圈视频通话、直播等方式，让用户了解产品生产、包装、运输的全过程，从而打消用户对你的质疑，更加愿意购买产品。

四、用活动来爆发人品

让粉丝用户成为你的布道者是一个长期积累的过程，需要经历长久的预热期，而活动就是预热期的主要内容。预热期也分为三个阶段，每个阶段的活动侧重点与目标各不相同（表4-2）。

有部分个体电商认为在线上进行定期抽奖、发送小红包就是预热活动，但实际并不止于此。线上活动虽然能够快速地实现引流，但不能引发高潮；而线下活动，可以让你与用户真正地进行面对面地交流，可以拉近与用户的距离，更能激发用户宣传活动的热情，推动个人口碑与品牌的发展。

作为个体社交电商，你不仅需要自己组织线下活动，还需要多参加其他社交电商的活动，借此来扩展人脉，也能在其他领域的用户之中留下印象，实现引新流的目的，不断地提升自身的影响力。

表 4-2　不同预热阶段的目的互动方式

预热期阶段	活动的主要目的	互动方式
前期	扩大产品的知名度，大规模引流	提供大量的优惠折扣；邀请名人代言；进行地推等
中期	在引流的同时，提升用户留存率	与用户互动，定期为用户赠送产品福利；邀请用户免费体验新产品等
后期	将普通用户转化为铁杆粉丝	建立粉丝优惠群；与实体店进行合作，开展线下活动等

以上就是将粉丝用户变为你的传道者的具体的方法论指导。除此之外，还可以通过朋友圈经营，促进粉丝为你的产品进行二次传播。

4.6 朋友圈经营的 tips

在乘地铁时，我曾听见过两个女孩有关微信的对话：

"你为什么还在玩 QQ? 微信多方便，大家都在用！"

"我的微信朋友圈里都是微商，天天给我发信息，而且又是认识的人，不好意思删除他们，让我很困扰，还不如 QQ 好用。"

"我以前也是这样，后来只要有朋友在朋友圈里卖东西，我就会屏蔽他们。天天给我发广告的人，直接拉黑！"

拉黑微商似乎已经成为微信的常规操作，为何会出现这样的状况？

微信朋友圈经营不善是最根本的原因之一。一些微信用户在没有了解朋友圈经营的方式与技巧的情况下，就在朋友圈中刷屏发广告，很容易引起其他用户的反感。朋友圈是一个较为私密的场所，是一个展现自己的生活、与朋友互动的场所，而不应该是广告集结之地。

良好的朋友圈经营应该是通过微信的即时通信功能，将好产品分享给朋友、亲人，并连接微信的生态机构之中包含的每一个功能，实现传播范围的最大化、宣传效果的最优化。经营朋友圈，看似较为麻烦，实则有法可循。接下来，我们将了解朋友圈经营的 tips（技巧），促进推广与变现的实现。

一、了解微信对推广的态度与限制

朋友圈一直都是微商、个体社交电商等的必争之地，都试图通过朋友圈经营打造个人口碑与品牌，从而实现变现，获取竞争优势。

但微信作为社交平台，如果成为广告的聚集之地，将会影响用户的体验，造成用户流失；但平台严厉打击广告行为，也会损失一大部分流量。因此，微信并没有正面表明对社交电商的态度，在听之任之的同时，为广告推广设定了限制，形成了"潜规则"。

微信号有人数限制从正无穷变为 5000 个，当一个微信号的好友数量超过 3000 个时，该微信号就会被降权 50%。当你在朋友圈之中无节制地发送广告时，你的账号会被隐形降权；当十几个账号发布同一个宣传帖子时，该贴可能会被平台屏蔽。但微信对那些未触及底线的电商行为，还是秉持着较为宽松的态度。

除此之外，你还需要了解微信之中购物链接的限制。在微信之中，无法打开淘宝链接，因此朋友圈经营还需要选择合适的销售平台。微信的官方购物通道是京东微店，同时还支持拍拍微店与第三方合作平台，如有赞、口袋购等。

微信虽然对朋友圈推广设置了一定的限制，但还是提供了便利之处。在进行朋友圈经营时，可以根据微信的平台限制，选择合适的开店平台，或者只用朋友圈引流，将用户引导到其他平台之上。

二、利用朋友圈广告评论进行宣传

微信官方会在朋友圈中投放广告。这一行动始于 2015 年对宝马、vivo、可口可乐的广告投放，但并不是每一位用户都能看到这三条广告，这引起用户的热议高潮。

朋友圈官方推送广告，都是基于大数据、云计算等技术对用户数据进行分类、整理，随后再进行精准投放。既不会打扰其他不需要此类产品的用户，也能将广告的推广效用发挥到最大。

作为个体社交电商，你不仅可以在自己的朋友圈之中有选择性地发布一些广告，也可以通过官方朋友圈广告的评论区进行推广宣传。选择与自己的产品类似或者目标用户相似的广告，在评论区进行评论，可以实现精准推广。这种方式最为简单，且具有一定的宣传效果。

三、文案推广

在朋友圈之中发布广告，最重要的就是广告文案。好的广告文案不仅能够宣传产品，还能打造品牌形象。因此，广告文案应该回归于产品本身。

有许多个体社交电商为了活跃用户，在朋友圈之中经常会发布一些幽默的段子、鸡汤文，或者讲述一些为人处世的道理。长此以往，你可能会发现这些内容对朋友圈营销的作用实在是微不足道，并不能吸引用户前来购买。

广告内容无法让用户了解你所卖的产品、产品的功效，即使的文案非常幽默、道理十分精妙，用户也不会买单。好的文案，应该是能突出产品特点、产品理念，激发用户消费欲望的文案。例如，如图4-6所示回味萝卜的文案。

图4-6　回味萝卜的朋友圈广告文案

该文案不仅凸显出回味萝卜的"健康"理念，还强调了美味好吃的产品特征，再配以令人食欲大增的图片，使用户产生购买的欲望。在图片的末尾，还加上购买小程序，让用户可以即刻购买，享受即时送达的服务。

图文相结合的广告文案更能吸引用户的目光，激发用户的消费热情。通过文案让用户对你所卖的产品一目了然。

四、"晒"出信任感

高质量的广告推广文案每天发一次，或者几天发一次都可行，但较为普通的文案需要每天进行发布。普通文案可以每天多发几条，但需要在不同的时间段进行发送。

每天发布的普通文案的内容可以是生活的细节、工作之中的琐事或者社会百态、最新的新闻等。这些文案并不是以售卖产品为目的，而是希望借此提升自己在朋友圈的存在感，将自己真实的形象展现在用户的眼前，提升用户的信任感。

有两个账号，一个账号所在地显示在国外不太出名的地方，朋友圈的内容都是"我成为某产品的代理赚了很多钱"或者是"枯燥无味的产品销售"；另一个账号的所在地显示在中国深圳，朋友圈内容既有生活琐事、与用户交流的截图，还有介绍产品功效、如何使用产品的小贴士等内容。这两个账号中哪个的可信度更高一些？毫无疑问是后者，因为其展示出的形象是一个活生生的人，而不是掉进钱眼儿的无良微商。

在朋友圈中塑造真实的形象，培养用户的信任感与认可感，是实现流量变现的前提之一。

五、微信群的价值最大化

没一个微信群可以看作是一个小型的社群，维系微信圈运营也是朋友圈经营的重点内容之一。

在微信群之中，直接发布广告可能会引起用户的不满，因此需要采取曲线营销的方案。例如，可以在微信群之中发起某一话题，并将话题引导你所卖的产品之上，这可以降低用户对广告的抵触情绪，或者直接将用户引流到你的微信公众号之中。

如今，微信公众号、订阅号的红利期已经完结，但仍有许多新生的公众号、订阅号层出不穷，仅是想依靠公众号、订阅号实现广告宣传与推广，已经是"难于上青天"的魔鬼级难度。要想实现推广变现，还需要充分发挥朋友圈的价值。

在微信圈之中找出同道中人，并将这类用户聚集起来，形成社群。这样的社群用户之间的共性与黏性最大。在社群之中直接发布宣传推广信息，这样更具针对性，可达到进行精准营销的目的；还可以通过赠送礼物、发红包、免费体验等活动，来增加社群用户之间的黏性。

当社群建立起来之后，你还可以接取其他社交电商的广告，并发布在社群之中实现变现。通过以上小提示，不仅能够实现朋友圈的良好经营，还利人利己，又有何乐而不为呢？

4.7　真实是最深的套路

"自古深情留不住，唯有套路得人心"，有许多人都认为抓住用户的心需要用套路才能实现。但实则最有效的套路就是在用户面前展现最真实的自己与真实有效的产品。

当各个社交平台之上的美食圈都在进行精致拍摄、优美摆盘的时刻，美食作家王刚将一股朴实无华的风气带入美食圈，让美食摆脱滤镜，真实地展现在用户眼前。见图 4-7，他在不同平台之上创建的账号都已拥有 200 多万的粉丝，每条小视频与帖子至少都能达到以万为单位的播放量。

图 4-7　美食作家王刚的两类账号

王刚的美食视频没有滤镜，没有精美的包装，更没有高级的餐具与具备高级感的摆盘。除此之外，不会通过抒情来达到吸引粉丝的目的，而是用最"硬核"的美食，用细致的专业知识解说，让用户在了解美食做法的同时，学习到一些实用的烹饪技巧。

王刚将真实作为套路，成功地套住了广大粉丝的心，让他们心甘情愿地点赞、评论、转发其视频，成功地打造了属于个人的良好口碑与形象。"你们去抓住世界吧，我只想抓住一个人的胃和心"，这就是王刚的真实写照。

"自古套路留不住，唯有真实得人心"，这是我们可以从王刚的成功之中得到的最大启发。不仅是自媒体人应该如此，对于个体社交电商、零售企业而言，更是如此，应该用真心换真心，牢牢抓住用户的心。

依托于社交平台售卖产品，用户无法真正窥见产品的真容，一切都被网络覆盖上了一层薄薄的面纱，似真非真，犹如雾里看花。在此种情况之下，如果你依旧是以"王婆卖瓜自卖自夸"的方式去宣传自己的产品，用户很难会去相信你的一面之词，或者真正地信任你。

在这种虚拟的场景之中，用户会通过自己的判断与他人的评价，选择是否相信你。如果你的产品足够优质，并向用户展示产品最真实的状态，向用户展示你的诚心，自然而然地就会与用户建立起信任的桥梁。

在社交平台之上，口碑是建立信任的重要因素，而口碑的形成与真实有效的宣传、高质的产品密不可分。例如，许多用户在天猫、淘宝等平台上购买产品，会先看商家的信誉、产品图片，然后再去看其他用户的评价。一般而言，用户会在观看产品图片的过程之中结合用户拍摄上传的图片，进行判断，如果发现与事物不符，就会放弃购买。

但如今，在各个平台之中刷单的现象屡见不鲜，从而获得高等级的信誉与大量的用户好评。这类现象的出现无疑是给用户的判断增加了难度，加深了个体社交电商与用户之间的不信任感，也促使社交电商向更透明化的方向发展。

"真金不怕红炉火，酒香不怕巷子深"，高质量的产品在经过用户的检验之后，必定能够获得用户的喜爱。当然，将"真实"视为产品的宣传套路，并不意味着要放弃与用户建立信任的套路，只是需要在创建信任的桥梁之中，用真诚与真心去感染用户。

在社交平台之上，有担保措施的产品往往更能激发用户的购买欲望。例如，在淘宝上有 7 天无忧退换的产品往往能够让用户安心购买，即使用户购买的产品自己不喜欢，还能直接退换，不用担心商家"跑路"。

作为个体社交电商，可以依托于销售平台制定相关保障措施，为用户消除购物的后顾之忧，提升用户的信任感。其次，还可以与其他行业的社交电商互相担保。在各自体验过对方的产品之后，验证产品的质量没有问题，就可以在各自的社群中进行推广。

除此之外，还可以诚心邀请用户体验产品，将产品免费送给部分用户，如果他们对产品的体验感较好，自然会主动帮助宣传。参加同行业的沙龙聚会，也是向用户展现产品真实面貌的好机会，在现场只要有一个用户使用了你的产品，且体验较好，一般都会发朋友圈，从而帮助社交电商达到间接宣传的目的。

网络直播也是向用户展现产品真实状态的重要途径。与知名度较高的达人进行合作，邀请他们直播使用自己的产品，并将自己的真实体验感受向用户表达出来，让用户自己决定是否购买。用户在通过自己的判断之后，选择购买产品，而不是利用达人们的"明星光环"去诱导用户购买产品。这也是"真实"的表现之一。

真实是实现变现的最深套路，这与返璞归真同理。用真实的方式去宣传产品，让用户了解产品的真实状态，自行判断购买产品的与否。这样的套路不仅能够抓住用户的心，还能与用户建立信任感，促进个人品牌的形成，让更多的用户对你的产品产生认同感。

产品的认同感是产品成交的关键因素之一，那么应该如何设计产品的认同感呢？

4.8　产品认同感如何被"设计"？

一般而言，产品的效果都是固定的，但是用户对产品的认同感能够将产品的效果放大。例如，SKII 神仙水是用户粉丝追捧的对象，其实际效用可能达不到用户对其吹捧的高度，但依旧能够使用户趋之若鹜、疯狂种草，这与用户对 SKII 的认同感密不可分。

用户对品牌、对产品的认同感也需要用心去经营，去"设计"。在"设计"用户对产品的认同感之前，首先需要明确以下问题：

目标用户是谁？他们喜欢什么样的产品？

能让目标用户接受的品牌形象与个性是什么？

产品是否能向用户传递品牌的使命与价值观？

产品是否具备一个吸引用户关注的故事？

在何种场景之中，用户可能会需要你的产品？

用户主动帮你宣传之后，能够得到什么？

明确这些问题并解决这些问题，就是"设计"产品认同感的过程。

一、确定目标用户

确定目标用户的方法多种多样，但一般而言都是从统计学的角度出发。

对用户的性别、年龄、职业、收入、社会地位等方面进行分析，最终确定较为准确的用户群体。这种定位方式是基于人口统计学而进行的。

假设你在售卖一款平价的、具有保湿效果的粉底液，在定位目标用户时，根据统计学的角度进行分析，可以得出的结论大致如下：这款产品主要适用于月薪 2000 ～ 3000 元的女性用户，年龄范围在 18 ～ 30 岁。这类人群就是这款产品的目标用户。

除此之外，还可以从心理统计学的角度去定位目标用户，即对用户的心理变量进行区分统计。用户的观点、对某类产品的态度、消费价值观、消费偏好等都属于可以进行统计分析的心理变量。用户的心理变量与你的产品所体现出的特征相符合，那么这类用户就是你的目标用户。

基于行为差异统计的分析也是定位目标用户的有途径之一，即统计用户是否具有某种特别的行为即这种行为的频次，并从其中发掘用户的某类需求。能够通过你的产品，满足某种需求的用户就是目标用户。

精准定位目标用户，可以让你在"设计"用户产品认同感时，有明确的目标与方向，避免走上"弯路"。

二、打造品牌形象

定位目标用户是为了有针对性地在用户之间进行产品的有效推广，是决定推广宣传效果的重要因素，而品牌与产品的形象是一切有效推广与宣传的基础与重点内容。特别是在如今"颜值即正义"的时代，品牌与产品的形象变得更为重要。

美国新一代营销战略大师劳拉提出的"语言钉"与"视觉锤"理论，是在用户之中打造产品与品牌形象的有效理论。劳拉认为通过语言文字与图像的结合能够让用户对品牌与产品形成更加深刻的印象。图像代表的视觉形象如同锤子，而有效的语言文字描述则如同钉子，用锤子敲打钉子，可以让钉子更好地嵌进墙体（用户的心）中。

换言之，"语言钉"与slogan（品牌口号）发挥的作用类似，"视觉锤"则承担着如同代言人的作用。将slogan与代言人分开，其发挥的作用并不明显，但将两者相结合，发挥的作用是"1+1>2"的效果。

例如，一提到王老吉，在脑海之中就会自动浮现一个红色的罐子，还有一句"怕上火就喝王老吉"的口号。这是因为将"红罐装"这一"视觉锤"与"怕上火喝王老吉"的"语言钉"结合起来，加深了用户对王老吉的印象与记忆。这让王老吉占有了 70% 的凉茶市场份额，并突破了 200 亿元的销售额。

一提到"凉茶""清热降火"等字眼就会联想到王老吉，这就是利用"语言钉"与"视觉锤"达到的塑造产品与品牌形象的效果，让单独的产品品类成为某类产品的代表，即在用户的认知之中，形成"凉茶 = 王老吉"的认知。

"视觉锤"并不局限于图像，也包括颜色、图形、实物等，其主要作用就在于促进传播，将用户的注意力拉回到产品的本身，再辅以"语言钉"，在用户心中强化产品与品牌的形象。

三、创建使命、价值观与品牌故事

品牌的使命与价值观是品牌存在的意义，而品牌故事又凸显了品牌的使命、价值观。正所谓"好看的皮囊千篇一律，有趣的灵魂万里挑一"，一个拥有使命与价值观的品牌，既有好看的皮囊，也有万里挑一的灵魂。

例如，发出"钻石恒久远，一颗永流传"之声的戴比尔斯向大众传递出具有"梦幻浪漫的生活情调、海枯石烂的爱情以及精致优雅的生活"的价值观，让钻石成为见证爱情与婚姻的象征。直至今日，戴比尔斯依旧是用户选择钻石的优先对象。

再如，迪士尼以"make the world happy（为世界带来快乐）"为品牌使命，在最初之时，招聘员工的标准就是快乐，只有时刻觉得快乐幸福的人，才有资格进入迪士尼工作。

品牌的价值观与使命使品牌能够向着确定的方向发展，再通过品牌故事将这些价值观与使命传递给广大用户，加深用户对品牌的印象。

"品牌设计的本质就是讲故事"，品牌的价值观与使命是吸引用户的核心，而故事则是向用户展示核心的关键，这也是激发用户购买欲、为用户提供消费理由的关键，更是用户在表达自我的谈资。

品牌故事之中的价值观与使命包含品牌的立场。例如，华为以"心系中华，有所作为"，其立场就是坚定的爱国主义者，甚至在民间还把"用华为手机"贴上了"爱国"的标签。先不论这一标签的对与错，但反映出了华为的经济立场获得了大众的认可。

品牌价值观与使命的立场并不是要去煽动用户发泄自己内心的情绪，而是以一种正面的思想导向，为社会与大众带来正能量与正面影响。因此，品牌的价值观与使命将会吸引具有类似价值观的用户，从而带动消费，促进产品品牌的塑造。

四、创建产品绑定场景与用户回馈感

逢年过节，阖家团圆之时，可乐往往是餐桌之上必不可少的饮品；夏季炎热，大汗如瀑之时，雪碧往往是最常见的身影；火锅聚餐，红油沸腾之时，王老吉未曾缺席……

这些产品都将一个特定的场景与自身绑定在一起，用户一进入到特定的场景之中时，就会下意识地消费与该场景绑定的产品。这就是创建与产品绑定的场景，通过站在用户的角度设计产品，为用户解决生活之中的问题，带动用户消费的方式。在绑定场景之前，需要思考这些问题：

在何种场景之中，用户会选择使用你的产品？

用户选择你的产品的目的是为了什么？

用户用了你的产品有什么用？（即用户使用产品能够获得什么？）

依旧以王老吉为例，其选择了"烧烤、火锅、熬夜"这三个产品使用的高频次场景，并告知用户"喝王老吉能够避免上火"，于是用户在这三个绑定场景之中会选择王老吉达到"降火"的目的。虽然从本质上来讲，王老吉的降火效果可能并不明显，但能给予用户一定的心理安慰。这就是利用产品绑定场景提升产品销量，又能给予用户回馈感的主要途径。

综上所述，通过上述内容"设计"产品的认同感，在用户心中为产品与品牌塑造一个立体的、丰满的且具有独特风格的形象。通过价值观、使命与用户建立精神连接，通过场景绑定、反馈感与用户建立消费连接，从全方位、多渠道提升用户的认同感。

"设计"产品认同感，是从用户的角度出发，去促进产品的宣传；从社交自媒体人或者个体社交电商的角度出发，要增强产品的宣传力度、提升产品的销量，则需要构建自身的影响力思维，成为用户的意见领袖，提升自身的影响力。

第 5 章

影响力思维：如何修炼成意见领袖

设计用户的认同感,还需社交电商与社交零售企业从构建影响力的思维出发。通过强化领域定位,在定位的领域之中成为权威,有效地管理用户的情绪,抓住用户的心理,将自己打造成为用户的意见领袖;同时,通过线上与线下的融合,为用户提供高质的产品与服务,提升用户的认同感。

5.1 强化你的领域定位

如何让一个人去帮助你完成一件事？

假设你是他的上级或者长辈，可以直接形式自己的权利去让他帮你完成这件事；如果你是他的亲人朋友，则可以让用情感去打动他，请求他帮你完成；如果他与你没有太大的关联，则需要动用自身的影响力，来说服他帮助你完成某事件。

具有较强的影响力的人被称为"意见领袖"。每一个圈子、社群之中的意见领袖，其思想与建议往往能够被其他用户接纳。

在社交新零售时代，需要充分发挥意见领袖的作用，或者直接成为意见领袖，用自身的影响力来吸引用户，推广产品，提升销量。那么，作为个体社交电商，应该如何修炼成意见领袖，培养影响力思维呢？

一、清晰地认知产品与品牌

强化领域定位是成为意见领袖的第一步。强化领域定位就是在用户心中形成自己的标签，其基础是对自身产品与品牌有着清晰的认知。

（一）明确产品未来的发展方向

图 5-1　SWOT 分析法的构成

产品的发展方向是你领域定位的方向。明确发展方向，可以根据 SWOT 分析法，对自身情况与你所售卖的产品进行精准的分析（图 5-1）。寻找到对自身有利的因素与劣势所在，从而扬长避短，你的优势与长处将会成为你未来发展的重要因素。

根据自身的长处进行领域定位，对用户展现的产品与服务也更为优质，可以提升自身在用户之中的影响力。

（二）明确你的领域定位

产品的定位与你的领域定位密切相关，明确产品的定位，才能找到你的领域定位。一般而言，寻找领域定位有以下方法。

1. 以产品特点为导向进行领域定位

在以产品特点为导向定位领域时，要注意保证差异性，如果与其他的品牌"撞衫"，很容易成为被比较的对象。

假设你售卖的产品是洗发水，就不要使用其他品牌已经使用过的概念。如清扬洗发水依据其去头屑的产品特征，向用户传递出"清扬，无懈可击，无需隐藏"的理念，确定了自身的领域定位为："去头屑，帮助用户打造良好的形象"。如果你依旧以这一特征去定位领域，会被具有较强影响力的清扬"完虐"。

因此，可以在去头屑这一特征之上发掘新颖的点，你可以将自身打造成去屑专家，帮助用户从根本上解决去屑问题，在避免与其正面交锋的同时，还能为自己确定一个具有新意的领域定位，增加对用户的吸引力。

2. 以情感心理为导向进行领域定位

普通手表没有具体的含义，只具备看时间的功效。如果将手表制作成情侣表，手表的功效将不再局限于观看时间，而是成为情侣之间表达爱意、创造甜蜜回忆的物品。这就是以用户的情感心理为导向进行的领域定位。

虽然手表的本质并没有改变，但通过增加情感因素，更能吸引用户的关注，从而在用户之间提升影响力，并借此将自己打造成为情侣手表领域之中的专家。

3. 以利益为导向进行领域定位

用户购买产品的目的是为给自己带来利益。利益可以是产品的利益，即用户购买产品可以满足某种实际需求；利益还可以是品牌的利益，即用户通过购买产品能够获得某种感觉与结果，例如让用户觉得高级、可以彰显自己的品位等。

以利益为导向进行领域定位，最好既能满足用户的实际需求，也能给予用户某种感觉，以利益为导向进行领域定位，就是借产品来提升自身的影响力，将自己打造成为用户的意见领袖。

二、细分市场，强化定位

在确定了自身的总体领域定位之后，还可以继续细分市场，强化定位，做到从一而精。例如，海飞丝的领域定位是去屑，但细分的市场为"专业去屑"，将"专业化"打造成为区分于其他品牌的优势定位，成为"去屑实力派"的代表。

与海飞丝同理，确定总体的领域定位，只是明确方向的前提，为在用户之中提升影响力打造基础。细分市场，强化定位，则是为了在用户的心中形成一个更为深刻的印象，在特定的消费场景之中，会优先选择你的产品。

有效的细分市场必须具备可衡量性、可进入性、可盈利性、差异性以及相对稳定性。在细分市场需要遵循这些原则，可以有效地在细分市场之中提升产品的销量。通过精准的市场细分，与自身的目标用户对接，能够对用户产生影响力（表 5–1）。

表 5-1 有效的细分市场的原则及内涵

有效的细分市场的原则	具体内涵
可衡量性	细分市场的标准和变数及细分后的市场是可以识别和衡量的
可进入性	进入所选定的细分市场，能够促进产品的销售量的提升，其本质就是确保产品营销活动的可行性
可盈利性	细分市场的规模足够大，可以达到足够盈利的程度
差异性	细分市场在观念上能被区别，并能对不同的营销组合因素和方案产生不同的反应
相对稳定性	细分后的市场能够在一定的时间段之内保持稳定

在细分市场之中，你收集的目标用户的数据、资料将会更为准确，对用户的需求与痛点掌握更为清晰。对症下药，不仅能够提升产品销量，还能提升自己在细分领域之中的影响力。

综上所述，强化自身的领域定位，是提升自身影响力、将自己打造成为用户的意见领袖的绝佳方法。在这一过程之中，不断将自身的事业做大做强，直至成为细分领域之中的顶流与权威，你的影响力将会不再局限于细分领域之内，可以影响到更多的用户，实现促销变现、长远发展。

5.2　做到细分领域的数一数二

一个毕业于哈佛大学的博士专家向你推荐 A 产品，而一个普通人向你推荐 B 产品，你会接受谁的推荐？一个穿着得体的人与一位不修边幅的人推荐同一款且是你需要的产品，你会接受谁的产品？

毫无疑问，大多数人都会接受专家推荐的产品，购买衣着得体的人的产品。因为博士是高学历的象征，比普通人更具权威性；而穿着得体的人往往比不修边幅的人更易得到他人的好感与信任。这源于人们心中对权威的敬重。

作为个体的社交电商，在细分领域做到数一数二的本质就是通过权威原理，将自身打造成为权威，提升自己的可信度，从而获得用户的认可。权威的定向标志是：头衔、衣着、外部标志，这三个因素对与打造细分领域的权威同等重要。

一、头衔：在细分领域强化自我的标签

头衔是权威的象征，头衔的获得，既简单，又困难。对于许多自媒体人与个体社交电商而言，获得一个具有影响力有权威性的头衔往往需要花费大量的时间与精力。但对于本身就具备较强影响力的网红、达人等来说，获得头衔则要轻松许多。

例如，李佳琦在通过使用口红获得大量的流量的过程之中，慢慢打造自己"口红带货一哥"的头衔，并不断在用户心中加强对这一头衔标签的影响，这使用户在购买口红时，会通过李佳琦推荐的口红来选择。

强化自我标签并不是直接向用户表达"我是某产品的销售王者，大家

最好在我这里购买产品"之类的话语，而是要靠用户的主动的宣传去实现标签的强化，这种间接方式更能获得用户的认可。

在《圣经》之中，亚伯拉罕心甘情愿地将自己的年轻的儿子杀死，只是因为上帝无解释的命令。这就是权威的力量。在现实生活之中，权威随时随刻都在发挥着作用，即便有时候权威没有任何道理可言，却依旧有许多用户愿意去相信、去顺从。

不仅如此，有时具有权威象征性的头衔的影响力会比真正具有权威性的人更强。例如，有些并没有实际影响力的人，会通过对朋友圈的打造，虚构出一个具有权威性、强影响力的头衔，并以该头衔为中心，建立微信社群。一些缺乏辨识能力的用户会选择相信他们，使他们获得变现能力，再去将更多的用户拉入社群之中，实现变现。

这种强化自我标签的形式属于欺骗，一经发现，将会对你个人的名誉与品牌信誉造成毁灭性的打击。社交新零售应该以诚信为准则，通过产品打开用户的心，用良好的服务强化自我标签，在用户之中形成权威。

二、衣着：在细分领域展现个性

作为社交自媒体人或者社交电商，"衣着"就是对自我个性的设计，相较于头衔更容易被用户认可，因为"衣着"是一种看得见与摸得着的一种特性。

"衣着"既包括你所开设的微店的风格、与用户交流的渠道、与用户互动的方式等可以具象化的内容，也包括产品品牌的价值观、使命、社会责任感等抽象的、精神性质的内容。

在微店风格方面，要与目标用户的调性一致。目标用户是文艺青年，风格可以采取复古典雅、清新忧郁的风格；目标用户是有点叛逆、追求个性的少年，则可以主打精灵古怪、暗黑系的风格；目标用户是职业女性，则可以以知性简练的风格为主……

目标用户群体的不同，其喜好、特征定会有不同之处，选择与用户沟通与互动的方式也有所不同。总之，就是以用户为中心，根据用户的特征，选择最有效的"衣着"。

而价值观与使命这一类，并不需要像风格一样，去迎合用户，而是应该有自己的原则与底线，应该是能够给用户带来情感上的共鸣与价值观方面的思考，对用户有正面引导与启发意义。

三、外部标志：在细分领域获得用户的认可

外部标签的本质就是用户对你与你的产品的评价。例如，用户在提及花露水时，在脑海之中，往往会浮现"六神＝花露水"的等式，这就是六神在花露水的细分市场之中获得的外部标签。外部标签是用户对你与你的产品的认可程度的体现，也是影响力增强的表现之一。

获得外部标签的主要途径就是打造个人品牌与口碑，通过"一传十、十传百"的方式，实现裂变，快速实现传播。

作为个体社交电商，想要达到如同六神花露水这样的标签极为困难，在社群之中获得外部标签则相对较为容易。获得外部标签的方式主要分为向内与向外两个发展方向。

向内提升自我的专业水平，在与用户交流互动时，能够以专业的知识明确地解答用户的问题，不玩语言文字游戏，与用户诚信相交。

向外宣传时，秉持真实的原则，以用户为中心，从用户的角度进行宣传与推广；随时听取用户的反馈，并及时改进，不一意孤行。

内修与外练的结合，共同促进外部标签的形成，提升用户的认同感与

信任感。

  综上所述，做到在细分领域之中数一数二，就是将自己打造成权威，获得较强的影响力，成为用户的意见领袖。

5.3　线上线下，多点开花

在四川省的一个小镇里，"京东 618，线上线下两开花"的横幅广告遍布大街小巷。镇子里的居民与京东在农产品方面进行合作。例如，王山镇的特产——乌骨鸡成功入驻京东，面向全国的用户提供最为地道的乌骨鸡，获得了用户的一致好评。

其中，最有代表性的是与京东联合开办的合作门店，店主是镇里的居民方毅，在掌柜宝进货，并依托京东强大的物流配送体系保证货源，让居民能够体验来自各地的产品。在京东 "618" 活动期间，合作店也进行了线下 618 打折促销活动，与线上达到同步，极大地提升了销售额。

线下 618 能够在合作店内成功的原因在于：产品优质低价、且数量众多，在居民之中应成良好的口碑。在此之后，越来越多的店铺加入了与京东的线下活动，促进了小镇的经济发展。

方毅可以看成是传统零售的代表人物，在社交新零售的发展过程之中，实现了线下与线上的结合，并逐步转向为社交电商，线下主要依靠用户的口耳相传，提升影响力；而线上主要是依靠产品的高质获得用户的好评，提升影响力。

不论是新零售发展时期，还是社交新零售的发展都无法舍弃线上与线下相结合的方式。对于个体社交电商而言，线上与线下相结合可以双管齐下，叠加效果为 "1+1 ≥ 2"，可以增加传播效果，拓展销售渠道，为用户提供更加便捷的方式与服务。

一、宣传方式：线上社群推广 + 线下活动宣传

线上与线下相结合的宣传方式，可以实现对产品与品牌全方位的推广，在提升个人口碑的同时，还能提升产品品牌的影响力。

对于个体社交电商而言，线上推广的主阵地在社群或者兴趣圈子。社群与圈子都是具有高黏性、强互动的领域。以此为阵地，不仅可以提升社群的活跃度，还能提升个体社交电商在用户之间的影响力（图 5-2）。

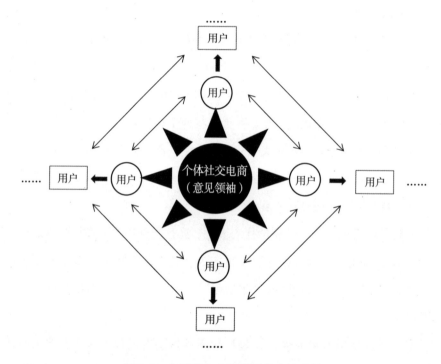

图 5-2　在社群之中提升影响力的过程

社群是提升影响力的重要途径，每一个用户之间相互联系。当你能够获得 1 个用户的支持，他会将你推荐给其他与其有关联的用户。当这部分用户之间有人认同你之时，也会将你推荐给其他用户。依次类推，你甚至

还可能被推荐到其他社群之中。这就是依托于线上社群实现提升影响力的有效方式。

在线下，则可以如方毅一样，通过实体店的打折促销活动，吸引用户快速聚集。当用户以更低的价格购买到更高质的产品之时，就会将这一信息分享给其他用户。也许有人会问，我只开设了网上店铺，而未开设实体店又该怎样做呢？与实体店合作进行打折促销活动是一个好方法。

除此之外，在线下还可以在商场、购物广场等场所进行产品陈列展示。例如，国贸商场就专门设置了产品陈列的展台场所，以供一些商家提升影响力与知名度。当然，线下产品陈列并不需要太长的时间，一般在一周左右。

通过线上与线下结合的方式，是推广产品的有效方式，也是推广自己、提升自身影响力的有效方式。

二、销售渠道：线上微店／网店＋线下实体店

在社交新零售时代，线上微店／网店＋线下实体店的组合已屡见不鲜。用户可以选择到实体店进行产品体验；也可以选择在网上店铺购买产品，体验更加便捷的服务；用户可以在实体店试用产品，随后在网上店铺购买产品，体验送货到家的服务。

线上与线下的结合，使产品的销售渠道被拓宽，可供用户选择的消费渠道多种多样，以便满足用户多样化、个性化的消费需求。

例如，有用户在外地出差之时体验了某产品，但由于购买之后携带不便，用户可以选择在线上下单，通过物流配送，取到产品。多种销售渠道，让用户可以根据自己的需求，选择最适合自己的购物渠道，获得更加便捷的服务。

三、物流配送：线上订单 + 线下即时配送

社交新零售时代，用户需要更加快速、便捷的服务，这对物流配送的速度有了更高的要求。在未来，完整与完善的供应链是社交新零售的基础，是维系社交新零售企业、社交电商正常运行的关键。

而社交新零售的物流配送体系的重难点在于实现"点对点、分钟级"的配送。"天下武功，唯快不破"，对于个体社交电商的物流配送而言，也是如此。物流配送速度越快，在"诸雄角逐"的过程之中才有更多的机会。

"全国仓网 + 标准快递"及"RDC/ 城市仓 + 落地配"是传统线上零售的主要物流配送模式的核心。而在社交新零售时代，用户都已经适应了美团外卖的"线上订单 + 线下配送"的方式，实现这种运行模式的根源在于"分钟级"物流体系的形成。

对于能力较强，且背后具有较强实力的零售企业支撑的社交电商，可以采用"店仓一体 (含前置微仓)"的配送模式，进行"点对点，分钟级"的高效配送，从而提升用户的体验。这种模式是将所有的实体店或者仓库连接起来，用户在线上平台点单之后，会按照就近原则，在与用户距离最近的实体店或者仓库取货，然后将订单分派给配送员，实现即时配送。

对于个体的社交电商而言，可以直接选择提供货源与配送服务的平台。例如贝店，用户在成为贝店店主之后，只需要进行宣传、售卖产品，其他的一切事项都由贝店平台完成；还可以选择如淘宝、天猫等平台，依托于这些平台完善的物流配送体系，实现"线上订单 + 线下次日达"的模式。

综上所述，在社交新零售时代，用户的个性化消费升级，更加重视消费体验。而线上与线下的结合促进了社交电商与零售企业的发展，提升了产品与品牌的影响力与传播范围。

5.4　情绪是一切行为的核心

◎双洋，酒真情更真。

◎许久未见的老同学相聚，菜过五味，也仅剩彼此客套的寒暄，只有酒过三巡，才能知道你到底过得好不好？

上面两个有关酒的文案，哪个更能激起你购买的欲望？毫无疑问，大多数人都会选择后者。上面两种文案都在突出酒中的真情，为何给人的感觉差距却如此之大？

在第二段文案之中，通过特殊的场景描述，提升用户的代入感，让用户真正体验到文案之中的情绪，让用户体验产品实现情感上的共鸣。一个能够增加用户正面或者负面情绪的产品或者产品文案，用户更愿意去买单。

从上述现象可以看出，用户的一切购买行为的核心就是情绪。情绪是个体受到某种刺激之后形成的一种心理波动较大的状态，虽然个体可以了解这种状态，但不能自主控制。接下来，我们将了解情绪对用户的消费行为的具体影响。

一、情绪促进用户产生消费动机

在互联网时代，产品销售从 PC 端逐步转移至移动端，虽然这两个销售渠道终端的硬件与软件设备都在不断地更新换代，但产品销售依旧无法摆脱虚拟的应用平台。

例如，用户在网上购买衣服，不能直接从屏幕之中取出一件衣服；与拥有漂亮女孩头像的人聊天，对方只不过是一个虚拟的身份，甚至连对方的性别都无法肯定……为何用户明知在网上购物也需要等待，与他人聊天却不知真假，但依然沉浸其中、乐此不疲？因为这些场景设计能够让用户自由发挥想象，从而激发用户的情绪，成为用户行为产生的动机。

由此可知，用户情绪促进用户产生消费行为动机的方式是：通过给予用户想象的空间，是用户自由联想，进而产生某种情绪，刺激用户的消费。

例如，有些用户在购买苹果手机之时，仅会因为苹果手机拍照真实好看就购买；用户在网上购买衣服时，觉得很漂亮，能够引人注目，就会下单购买……这样的情景还有许多。因此某一种产品的热销程度与产品赋予用户想象空间的大小有着直接联系，而用户的想象来源于自我迷恋的人性。

在打造个人影响力的过程之中，可以通过设计产品预留的想象空间，或者直接通过激发用户情绪，与用户产生情感共鸣，从而提升用户对你的认可，慢慢构建信任的桥梁，最终成为能够引导用户情绪、激发用户消费动机的意见领袖。

二、情绪驱动用户消费与推广

情绪不仅能够干扰用户的行动，有时还会促进用户产生新的行动。归根究底，是用户在消费的时刻处于一种非理智的状态。在这种状态之中用户更可能进入产品设计的心理陷阱，不仅会购买产品，还会因为内心情绪的促动，推动产品与品牌的宣传。

根据情绪的相关研究，进化的结果促进了强烈的情绪的产生，而情绪是人的身体变化与情感向外的具体表现，情绪的作用是面对危机或者刺激时，为进一步行动做准备工作。因此情绪不仅具备动机的作用，还具备驱动的作用。用户情绪推进行为的产生，是通过用户宣传产品、推广品牌、提升个人影响力的关键。

根据用户的购买行为，企业在宣传推广环节进行的点击、阅读、评论、点赞、分享等行为，总结出消费行为的出发点就是"为了我"，获得一种愉悦体验。这是情绪能够成为驱动力的本质所在。

在打造个人影响力的过程之中，图形是渲染用户情绪的最佳方式。相较于文字，图形能够给用户带来更加直观的感受，在传播时更具备"侵略性"。依托于社交平台建立的个体社交电商，向用户展示产品的方式，无非就是以文字、图片、视频为主要方式，用户无法真实地接触到产品，因此图片与视频能够加深用户对产品的印象。

当你为产品设计的图形与视频能够渲染绝大多数用户的情绪之时，用户就会将自身产生的情绪投射到产品之中，并在自我认知之中，为产品贴上具体的标签。当用户自行形成的产品标签，与你根据目标用户的共性制定的产品标签相似之时，用户就会对你、对你的品牌与产品产生认同感。

随后，用户从获得愉悦体验的角度出发，分享给周边的其他用户，期望获得他们的认同感。被分享的用户，通过自身的联想，能够产生某种情绪，对产品产生自我的认知之后，会继续分享。这就是情绪驱动推广的过程，整个过程就是扩展你的影响力的过程。

三、情绪带动体验经济的发展

作为个体的社交电商，你构建自我影响力的目的是什么？无非就是在承担部分社会责任的同时获取利益，从而促进自身与产品品牌的长远发展。

为了实现这一目标，需要从与用户相关的生活与情境出发，激发用户的情绪，获得用户的思维认同，借此抓住用户的注意力，从而改变用户的消费行为，为产品在用户之中找出存在的价值。这就是通过用户的情绪为产品与品牌创造体验经济（图 5-3）。

图 5-3　体验经济的情绪性体验类型

体验经济能够加深用户对品牌与产品的影响。例如，某天你向用户打招呼，用户虽然有了体验，但并未引起强烈的情绪，没有留下特别的印象，因此这种体验不是情绪性体验。例如，你在用户社群之中发布了一张有关晚霞的照片，用户可以免费体验晚霞风景，但都是看过即忘，也算不上是情绪性体验。

再如，用户去上海的迪士尼乐园游玩，并在你这里购买了一些旅行的物品。当用户看见游玩的照片之时，就会想起自己的太阳伞、旅行的衣服等物品都是在你的手中购买，再次回味旅行之前的兴奋感，因此会对你的产品记忆深刻。因此，可以将体验经济理解为消费体验的经济，而情绪是促进消费体验产生的催化剂。

综上所述，用户的情绪是激发消费动机、驱动消费行为的核心。因此，在提升自身与产品品牌的影响力之时，也需要将"如何激发用户情绪"的问题放在首要解决的问题之中。通过向用户提供情绪消费体验，增强影响力，成为用户的意见领袖。

5.5　个性心理的双学基点

世界之上没有相同的两片树叶，也没有两个完全一样的人。遗传基因与社会生活实践的不同，造成了人与人之间的差异，每个人都会形成与他人具有差异性的心理与行为特征，这就是个性心理。

根据个性心理学，用户也具备不同的消费心理与消费行为特征。要想在用户心中提升影响力，成为用户的意见领袖，提升产品销量，可以从用户不同的个性心理出发，寻求用户的认同。用户的个性心理包括气质、性格与能力，这可以与气质学说与个体心理学说联系起来，从这两个学说的基点出发，构建影响力。

一、根据气质学说构建影响力

（一）气质学说的内容

我们在对用户个体心理进行分析时，涉及的气质学说内容以希波克拉底的"四液说"的主。希波克打底认为："人的身体内部有血液、黏液、黄胆汁和黑胆汁，所谓人的自然性就是指这些东西，而且人就是靠这些东西而感到痛苦或保持健康的。"根据这四种体液在人体之中的比例，将人分为四种类型：多血质、胆汁质、黏液质以及抑郁质，如表 5-2 所示。

表 5-2　四种气质类型的神经与心理特征

气质类型	神经特征	心理特征
多血质	感受性低、耐受性高、不随意反应性强、具有可塑性、情绪兴奋性高、反应速度快而灵活	活泼好动、善于交际、思维敏捷、容易接受新鲜事物、情绪情感容易产生也容易变化和消失、容易外露、体验不深刻

续表

气质类型	神经特征	心理特征
胆汁质	感受性低、耐受性高、不随意反应强、外倾性明显、情绪兴奋性高、控制力弱、反应快但不灵活	坦率热情、精力旺盛、容易冲动、脾气暴躁、思维敏捷、但准确性差、情感外露、但持续时间不长
黏液质	感受性低、耐受性高、不随意反应低、外部表现少、情绪具有稳定性、反应速度不快但灵活	稳重、考虑问题全面、安静、沉默、善于克制自己、善于忍耐、情绪不易外露、注意力稳定而不容易转移、外部动作少而缓慢
抑郁质	感受性高、耐受性低、随意反应低、情绪兴奋性高、反应速度慢、刻板、固执	沉静、对问题感受和休验深刻、持久、情绪不容易表露、反应迟缓但是深刻、准确性高

（二）影响力的构建

根据用户所属的气质类型不同，你所提供的产品与服务、宣传推广方向也将会做出改变，从而以合适的方式在不同类型的用户之中构建影响力。

多血质类型的用户善于交际、性格活泼，激起情绪反应的难度低。在与这类用户打交道的过程之中，应该主动与之交谈，多向他们提供、推荐产品与服务，但需要让他们自由选择。当他们提及有关产品退货的问题之时，应该尽量满足他们的需求。

胆汁质用户属于兴奋型用户，他们热情直率，易冲动，更容易接受你的意见，往往能够快速决定消费行为。对于这类用户，你需要大胆地向他们推荐产品、宣传自己，但尽量避免与其发生冲突，为其提供产品与服务的速度一定要快。

黏液质用户属于安静型用户，他们往往沉默寡言，不希望被他人打扰。在为这类用户提供产品或者服务时，要给予他们一定的思考空间，不要过早地提出自己的建议，让他们先行思考，把握好宣传的"度"。

抑郁质客户的情绪不稳定，对新事物难以适应。因此在服务这类用户之时，要避免自顾自地推荐，而是要尊重他们的想法。即使推荐产品，也要保证语言简单明了，尽量在他们需要服务时，再出现在他们面前。

对待不同气质类型的用户应采取不同的方式，让每一种用户都能获得优质体验，得到个性化的对待，从而提升用户的认可度与满意度，最终对用户形成较强的影响力，成为用户的意见领袖。

二、根据个体心理学构建影响力

（一）个体心理学的内容

个体心理学最初由现代自我心理学之父——阿德勒提出，我们今天所提及的个体心理学的主要内容包含以下几个层面。

1. 自卑情结

阿德勒认为大多数人都可能具备生理上或者心理上的缺陷，具备自卑感，往往表现为怯弱、胆小害羞、优柔寡断等特征。与之相对的，在极度的自卑之下将会产生自卫与补偿的意识。

2. 自尊情结

阿德勒认为每个人都有追求更高地位、获取优越感的动机。一个人因为追求个人的优越感或者优越地位，而忽视他人，就会形成自尊情结。过分的自尊情结会让人变得自负，并且很难接受他人的意见。

3. 错误的生活风格

阿德勒认为，以社会利益为目的的生活风格才是正确的，并根据这一目的，将人们划分为：统治——支配型 、索取——依赖型、回避型、社会利益型四种类型，并认为其中前三种都是错误的生活风格。

阿德勒的个体心理学的内容远远不止以上三点，但由于与激发用户情绪，构建影响力的关联度低，因此不在此加以赘述。

（二）影响力构建

根据用户的自卑情结与自卫、补偿意识，可以设计并推荐限量产品，让用户通过获得限量的产品，在心理上获得"自己与他们并无差异"的心理暗示。

对于具有自尊情节的用户，可以向其宣传个人定制产品，但不要直接推荐具体的某类产品。用户通过获得独一无二的定制产品，满足内心对优越感的追求。

对于统治——支配型的用户，则是充分尊重他们自己的意愿，不主动地推荐产品；对于索取——依赖型则需要及时地提出自己的建议，帮助用户做出最好的选择；对于回避型用户，则需要在其需要的时刻为其推荐产品，否则将会引起他们的厌恶；对于社会利益型用户，则可以大胆地推荐，大方地提出自己的意见，以供用户参考。

抓住不同用户的、个性化的心理特征，了解不同用户的不同需求与痛点，及时地给出自己的建议与意见，帮助用户更快、更好地做出自己的消费决策，从而在用户心中构建影响力，将自己打造成为用户的意见领袖。

通过上述内容与方式，打造个人品牌，构建个人影响力之后，还需要通过不同的方式维持自身与品牌在用户之间影响力，这就是公关。

第 6 章

社交新零售时代的公关新挑战

"公众的舆论，是是非的铁足"，但在如今社交化的网络时代，舆论开始沦为恶意竞争、攻击他人的武器。对于社交电商与社交零售企业而言，大众的舆论带来的更多是危机。在面对大众舆论之时，需要及时进行公关行动，从而维护企业与品牌的正面形象。

6.1 传统零售的公关模型

每年的3月15日对于用户与零售企业而言，都是一个令人坐立难安的日子。用户纷纷在这一天维权。而企业家则是在等待"3·15"晚会的点名，若侥幸逃过一劫，则企业上下同庆；若是跨不过去这道坎儿则只能自认倒霉。

在如今的社交新零售时代，产品销售领域的准入标准大大降低，零售市场呈现鱼龙混杂、真假难辨的状态。对于企业而言，即使央视闭着眼睛点名，随机抽查，进行深层次调查，都可能会发现一些蛛丝马迹，并牵扯出一些并不光彩的事件。

从如今的形势来看，"3·15"晚会的本质已然发生改变，不再是抽查企业的产品与服务，而是对企业的公关水平进行考验。那么，究竟何为公关？公关的具体内容为何？传统零售的公关模型是什么样的呢？

一、传统零售的公关模型

提及公关，大家最先想到的可能就是企业在面临突发问题之时，做出的快速反应、控制舆论导向、避免问题持续扩大、给企业带来负面影响，这就是危机公关。

但在公共关系学之中，公关即为公共关系，不仅包括危机公关，还包含业务拓展公关与关系维护公关。根据爱德华·伯尼斯对公关的定义，可以将公关理解为一项管理功能，通过"制定策略与程序来获得公众的谅解与接纳"，建立一种良好的公共关系，这是一项有意识、有目的的管理行为。

在传统的零售时代，零售的主体为线下实体店，其公关的主要内容为：零售企业通过各种传播手段与方式，沟通内外部的关系，在大众之中打造自身的良好形象，从而进一步扩大产品与品牌的知名度与影响力，树立企业形象，为企业的生存与发展打造基础。

传统零售根据公关内容，形成了一个全面而有效的公关模型，实现业务拓展公关、关系维护公关以及危机公关之中各项公共关系的维护，图 6-1 为其公关模型。

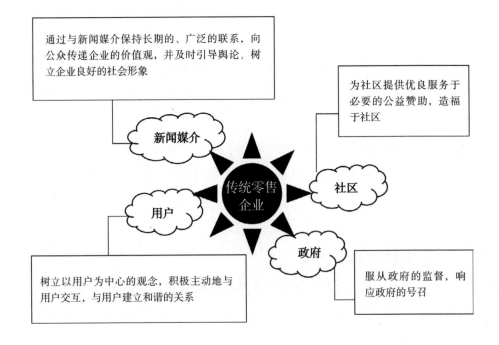

图 6-1　传统零售的公关模型

从传统零售的公关模型可以看出，传统零售的公关主要分为 4 种公共关系，即与新闻媒介、与用户、与社区、与政府之间的公共关系。通过对这四种公共关系的管理，进行业务拓展、创建社会形象、规避危机等行动，促进传统零售企业与商家的发展。

二、传统零售公关模型的具体内容

（一）通过新闻媒介进行公关

传统零售企业主要依赖新闻媒介来与外部公众进行信息交流，增加可信度，树立良好形象。常见的新闻媒介公关方式包括新闻发布会、新品发布会、新闻报道、举办大型的公益活动、赞助慈善事业等。

其中，新闻发布会的使用频次最高，新闻发布会的别称为记者招待会。传统零售企业邀请相关的新闻媒介机构的记者参加会议，公开宣布某一件重大的事件或决策。发布会形式主要为记者提问，相关负责人回答问题。在会议进行的过程之中，相关负责人会当众展示背景材料、照片、录像、实物等相关材料，来证明自己的回答的真实性，借此来提升可信度，提升企业形象。

例如，某家零售企业在行业内部一直默默无闻，通过长期的努力之后，成功上市。随后，该企业召开了新闻发布会，邀请十几家新闻单位参与发布会，盛况非常，引得相关电视台、报社等不同媒体的争相报道，使该企业的影响力大幅提升。如此不仅可以稳定老用户，还可吸引新用户，促进销售额的大幅提升，在公众面前树立良好、正面的社会形象。

（二）用户关系公关

不论在何时何地，用户自始至终都是零售企业最终的评判者，企业与用户的关系影响着企业的市场占有率，决定着企业的生存与发展。用户关系公关就是秉持着以用户为中心的原则，为用户解决问题，满足用户的需求，与用户建立联系。

此种公关行动包括产品售前、售中与售后。售前的公关行动为：调查用户需求，加强与用户的交流，根据用户在交流之中透露出的需求，进行产品推荐；在售中及时解答用户的各方面问题；在售后服务之中进行公关宣传。当用户投诉时，采取高度重视的态度解决问题。从而，增进互相了解的程度，与用户建立长久的联系与关系。

（三）社区关系公关

传统的零售企业的销售渠道为企业之下的一个或多个实体店，而这些实体店与大众社区的关联紧密，只有与社区建立和谐的关系，企业与其实体店才有扎根于市场的机会。因为，位于社区的实体店，往往承担着社区的大部分需求。

例如，保证实体店周围的环境卫生；为社区人众提供优良服务；当社区开展小型活动时，还可以主动赞助；积极主动地承担为社区服务的义务，承担起相应的社会责任等。借此在造福社区的同时，打造与社区的良好关系，获得并保留忠诚用户。

（四）政府关系公关

政府关系公关店铺的活动与各项业务的运作，服从政府的安排，接受政府的监督。传统的零售企业在维系与政府的公共关系方面，采取较为严谨而正式的方式，与政府有关部门进行沟通。在接收到政府下达的指令时，积极主动地执行，赢得政府的支持。

以上就是传统零售的公关模型及具体内容，我们可以了解到传统零售在社会传播效率不高、信息流通不顺畅的背景之下，造成用户对企业相关信息的接受延迟，相对而言其公关难度较低。

而社交新零售时代的到来，互联网技术的高度发展，促使信息传播速度快、范围广，这为零售企业与社交电商的公关带来便利的同时，也带来了更多的挑战。

6.2　公关新挑战：滴滴、拼多多的危机和舆论事件

在 2018 年滴滴顺风车事件之中，被害人家属向滴滴的投诉被一拖再拖，让受害人错过获救的黄金时期。这一事件将滴滴推上了舆论的风口浪尖，交通部联合公安部向滴滴约谈，表明了政府的态度与立场，并明确提出整改要求。

滴滴顺风车事件的发酵，不仅仅是因为滴滴公关的不到位，更是因为社会责任感的缺失，以及对法律的敬畏之心的缺失。在此之后，许多用户开始抵制使用滴滴打车。

在 2019 年，滴滴再遇安全事故。这一次接收到相关信息之后，快速反应，迅速行动，但最终依旧接收到了网约车司机遇害的消息。在 3 月 25 日，滴滴总裁柳青携高管吊唁遇害的司机，并给予遇害司机的亲属进行补偿。在此之后，滴滴在社交平台上恳求大众给滴滴改过自新的机会。

本次事件，滴滴并没有同上次一般，成为千夫所指的对象。究其原因，不仅是因为其公关到位，而且滴滴更是带着一种社会责任感在处理整件事情，并让大众感受到了滴滴的诚意。

从滴滴的两次安全事故来看，公关并不是推卸责任，而是要承担起自己的责任，用更强烈的社会责任感去服务大众。

除了滴滴，拼多多也是陷入舆论的危机之中的常客。自从 2017 年开始，有关拼多多的舆论风波就接连不断，有些真，有些假。在其上市之后，拼多多几乎成了舆论的靶子。

在 2018 年 7 月，拼多多上市期间，假飞天茅台让拼多多再一次进入了舆论的风口浪尖。针对此次舆论事件，拼多多迅速查明假茅台酒于 7 月 24

日上架，在 7 月 27 日拼多多已经对相关店铺进行下架处罚。

在 7 月 31 日的媒体沟通大会之上，拼多多董事长黄铮更是明确表示会将打假行为持续下去，不断为打假工作提升技术支持。拼多多对打假的重视与实际行动，让一度下跌的股票开始回升。

在 2019 年 4 月 23 日晚上 9 点 20 分，数条有关拼多多造假的报道同时现身在微博、今日头条、百家号等平台之上，指出拼多多在 4 月 22 日宣布打造的助农模式——多多农园数据与"农业农村补助的数据"不符，足足多出 18 倍，向大众传递出拼多多在助农数据方面有造假行为。在 4 月 24 日，该报道的传播面持续扩大。

对此，拼多多公司的发言人迅速行动，查询事件的起始，了解到是北京欧特欧国际咨询有限公司以官方的名义发布了具有抹黑性质的谣言。针对这一谣言，拼多多公司迅速作出回应，为拼多多澄清事实，打破谣言。

从拼多多对舆论事件的公关行动来看，快速的反应与实际有力的行动是公关的重点。

通过对滴滴与拼多多舆论事件与危机的了解，我们可以得知在社交新零售时代，各个零售企业、社交电商的公关挑战是：不断地提升自身的社会责任感，以及破解竞争对手有计划的抹黑造谣。

而互联网时代的传播，不是来自媒体，而是来自大众自身，所以阻断大众心中的传播欲念是根本。阻断这个欲念的手段不是解释，而是获得原谅，甚至同情。

与传统零售公关相比，社交新零售公关的重点出现转移。传统公关重视全方位公共关系的维护，而社交新零售主要侧重于危机公关，将掌控舆论导向与承担社会责任放在第一位。各种公关关系出现主次之分，即危机公关在各种公关之中占据主导地位。

　　社交新零售的公关主要阵地为互联网，其危机公关的核心在于阻断传播。在互联网时代，传统媒体不再是传播的主体，人民大众乘着互联网的"快车"，成为信息快速传播的主体。因此，社交新零售的危机公关的核心是阻断大众传播的欲望。在进行危机公关时，采取解释的方式，往往会让大众认为是欲盖弥彰，进而传播得更为迅速，因此公关的有效方式是请求大众的原谅，或者是获取大众的同情。

　　在社交新零售时代，零售企业与社交电商只有不断地提升自身的社会责任感，在面对舆论危机之时，才有立场进行公关，才有资格获得大众的原谅，否则就是推脱责任，企图逃过道德或者法律的惩罚。没有社会责任感的企业在社交新零售时代，必然不会走得太过长远。

　　竞争对手有组织、有计划的舆论造谣是许多零售企业与社交电商在红海化的竞争之中必然会遇见的挑战。在遇见抹黑造谣之时，要冷静以对，及时揭露真相，用事实说话，不模棱两可，还自身清白。

　　社交新零售时代的公关需要有底气，而底气的来源就在于社会责任感与自身的规范性。"清者自清，浊者自浊"，零售企业与社交电商应该保证自身的清白，那么谣言自然会出现漏洞，不攻自破。

　　在社交新零售时代，舆论是监督零售企业与社交电商的有力武器，也会成为别有用心之人的造谣武器。因此，各个零售企业与社交电商的公关重点在于将真相公之于众，并承担其相应的社会责任，将舆论变为自身向上发展的动力，不辜负大众的期望。

6.3　社交新零售的软公关和硬公关

"3·15"晚会被央视点名，应该如何进行公关行动，维护企业的形象与名誉？

饿了么另辟蹊径，决定与央视硬杠到底，其网上订餐高级经理甚至在微博直接表示："对不起，饿了么今天忘记给央视续费了"，向大众传递出"3·15"晚会存在黑幕和虚假信息，试图将大众的关注点从饿了么包庇黑作坊转向央视黑幕，将社会舆论的矛头指向央视。

直到晚会结束之后，饿了么才正式向社会、公众发出声明，但这份声明之中，饿了么只表示将会成立专项组调查平台上餐厅的资质，并没有真正认错，或者是向广大的用户道歉。不仅不能认识到自身的错误，还向央视发起挑衅，引起大众强烈的谴责，这可谓是公关的反面教材。

饿了么此次的公关显然是因为态度问题而引起大众的反感与谴责，其他企业应该以此为鉴。而反观淘宝，其优秀的公关不仅成功地解决了自身的危机，还在大众面前树立了一个负责任的、具有强烈的社会责任感的正面形象。

接下来，我们将以淘宝的公关为例，来分析社交新零售时代之中，有效的公关行动是怎样的，软公关与硬公关的内涵，以及两者之间的差别。

阿里在面对央视的点名批评之时，比饿了么高明了不少，在被曝光淘宝上存在刷单行为后，在 1 小时之内官方就作出了回应。在回应之中阿里首先感谢央视的曝光，随后提及自身一直在进行打击刷单的行动，但由于众多刷手已经通过 QQ 群、微信群、YY 聊天室等渠道建立了庞大的刷单产业链，给打击刷单行动带来了众多困难。即使困难重重，淘宝打击刷单的行动也将会继续进行下去。

在"3·15"晚会之前，马云就已经发布声明："阿里打假的投入不封顶"，立志要将打击刷单进行下去。阿里在应对危机之时，掌握的时间恰到好处，无论是马云还是阿里官方都以端正的态度，向大众展现诚心，坚定自己为大众服务的立场。

阿里此次应对"3·15"点名的公关行动就属于硬公关，即直接面向危机，通过寻求外界的原谅与同情，对大众的情绪进行管理，从而达到渡过危机的目的。硬公关的行为方式主要包括以下几点。

其一，在面对危机之时，不逃避，不否认问题，也不会去盲目承担错误。这是为了向大众表明，你明白自身存在的问题，但并没有忽视这些问题，正在积极地寻找解决方法，希望大众能够给予一定的时间。

其二，若真的存在错误，应该及时道歉，而不是搪塞过去，或者将大众舆论点引向其他方面。否则等大众回过神来，将会带来更加疯狂的舆论风波与危机。

其三，每一个企业应创建"常见问题与解答方案"的文档，并进行实时更新。可以将这些文档发布在论坛、微博等平台之上，以供大众对问题解决情况与进度的监督，向用户表明自己解决问题的诚意与决心。

其四，用行动说话。"光说不练假把式"，如果只承认错误与问题，而不拿出行动证明，会让大众认为你是语言上的"巨人"，行动上的"矮子"，这与不承认问题的性质相当，甚至还会让前几步的公关的心血白费。

以上就是社交新零售时代的硬公关，是直面公关危机发出的声明，做出的行动。通常情况之下，硬公关的流程为：认错—道歉—整改，既向大众表明了态度，又拿出行动来佐证自己的态度。通过此种方式，可以有较大概率能够获得大众的原谅，有时还可能取得大众的同情。

公关绝不是在问题被曝光之后，才开始进行的行动，而是在平时的经营管理过程之中，就应该考虑并进行着的工作，这就是软公关，是在危机发生之前长期进行与发生之后立刻进行的工作。软公关是与硬公关相对应的公关策略，是对内的公关，需要长期的积累。在国内许多企业都只将硬公关放在公关的首位，而忽视了软公关的重要作用。

危机的规避过程不是一蹴而就的，公共关系的修复是一个长期且较为漫长的过程，其本质是一种社会现象。从广大用户的角度出发，用户在面对同样的错误时，会因为犯错对象的不同，而产生不同的态度，用户更愿意去原谅那些与他们关系更为亲近的企业与商家（图6-2）。

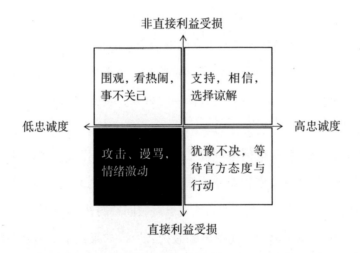

图6-2　不同忠诚度的用户对犯错的企业的不同态度

而软公关就是从用户的这一心理出发，培养用户的忠诚度。低忠诚度的用户往往是导致危机发酵、持续扩大的导火线，是企业口碑与品牌负面传播的主要群体。当危机爆发之时，他们将会火上浇油。而忠诚度高的用户会在危机爆发之时，更容易去理解、包容企业或者品牌。

因此，软公关的工作就是通过各种渠道与途径提升用户的忠诚度。例如，提供高质量的服务与产品；规范各项管理制度，向大众展现一个公正、有序的企业的形象，提升用户的认可感；通过社交平台或者媒体与用户保持长期的交流与沟通，加强与用户的交互程度等。

在公关界流传着"南阿里，北奇虎"的传说，可见阿里与奇虎公关的高超之处。例如，阿里在面对企业之中出现的问题，不采取"家丑不可外扬"的态度，而是在与用户交互的过程之中主动地将问题提出来，并在长期的整改过程之中接受用户的监督。

这不仅能够提升用户的忠诚度，还能树立一个负责任的、以用户为中心的企业形象。在危机爆发之时，将会获得部分用户的支持，不至于陷入孤立无援的状态。

软公关与硬公关都是维护企业形象、帮助企业渡过危机的重要方式，两者虽然存在差异，但又殊途同归（表 6-1）。

表 6-1　社交新零售时代硬公关与软公关的差异

硬公关	软公关
对外发布声明，维系关系，管理大众情绪	对内提升实力，培养大众（用户）的忠诚度，获得用户的支持与维护
需要快速反应，做出行动	需要长期坚持行动
主要应用于危机爆发之后	主要运用于危机爆发前，防患于未然；运用在危机之后，巩固公共关系

在社交新零售时代，不论是硬公关还是软公关，都需要及时管理用户的情绪，掌握舆论传播的规律。对于软公关维系用户的忠诚度，应该充分

发挥信息传播的正面作用，促进正面形象的塑造；对于谣言、不利消息的传播，应该及时阻断舆论的继续扩大，避免被推送到舆论的风口浪尖之上。

总而言之，公关是维护企业形象的重要方式，不论是硬公关还是软公关都应该秉持诚信、真实的原则进行行动，忌欺瞒大众，否则一旦出现问题，就是墙倒众人推。

那么，在坚守诚信与真实的原则之下，有哪些具体的公关技巧可以帮助社交零售企业与社交电商渡过危机呢？接下来，我们将来了解具体的公关技巧。

6.4　公关技巧一：被客户投诉，怎么处理？

"智者千虑，必有一失"，在经营的过程之中，我们无法顾及方方面面，总会有纰漏出现，这很可能会引起用户的投诉。当用户投诉时，应该怎样处理，才能避免事件进一步发酵，快速地解决问题呢？以下为具体的技巧与步骤。

一、尊重用户，倾听用户的投诉内容

积极倾听用户的投诉是对用户的尊重。

用户投诉的本质不仅是为了解决问题，更是来吐槽与抱怨的，并希望在这一过程之中，自己的想法能够获得更多人的认同。一般情况下，用户可能会将事件从头说起，也可以反复强调事件之中的某一过程与内容。此时，如果你表现得不耐烦，打断用户的陈述过程；或者总是沉默以待，没有任何反应，都会激起用户的情绪，从而与其产生争执，很容易造成用户流失。

特别是对一些承担意见领袖角色的用户，其投诉与意见如果未得到充分的重视，很容易造成较大数量的用户流失，并对产品品牌的形象造成不可预计的损害。

二、适度地表达歉意，稳定用户情绪

在应对用户的投诉时，最重要的是你的态度，这是决定能够和平处理投诉的关键。在用户倾诉完自己内心的想法之后，你不需要纠结对错问题，而是要充分发挥"用户就是上帝"的准则，先向用户适度地表达歉意，安抚用户的情绪，再来具体地解决问题。

例如，在用户非常愤怒地倾诉完之后，你可以说："抱歉，因我们工作上的疏忽，给您带来了麻烦，你看这样处理如何……"等，不仅表明自己会负责的态度，还能安抚用户的情绪，并通过建议形式的解决方案凸显出你对用户的重视，降低解决投诉事件的难度。如果你硬是不承认某些责任，可能会火上浇油，让用户的火气更为旺盛。

三、运用同理心，拉近与用户的心理距离

运用同理心就是站在用户的角度去向用户分析问题，拉近与用户的心理距离，从而降低问题的难度。同理心的运用是解决用户投诉问题的重要途径。

我的一位朋友小张，曾经就是一位客服人员，在接收到用户的投诉时，最常用的便是建立与用户的同理心。

某次，某一名用户买了某类鱼苗，不仅没有收益，还亏损不少，于是打电话向客服投诉。小张在接到投诉电话之后，先安静地倾听该用户的抱怨，并时不时地回应对方。在用户抱怨完后，小张向用户说："姐姐，您别急，亏钱的不止您一人，我老乡和家里的父母也买了这一款鱼苗，也出现了您描述的这类情况……。"小张通过与用户相似的经历，让用户在心理上感到平衡，于是怒气消失不少。这让小张的后续的安抚工作的难度降低不少。

四、寻找解决问题的办法

用户投诉的根本目的是解决问题，在安抚用户的情绪之后，需要解决问题，否则会引起用户在情绪方面的"反弹"，让前面的工作都成为无用之功。

在如今的社交新零售领域之中，用户投诉的目的一般为"弥补自己的

损失"，你可以采取的方法一般为发红包安慰、退换产品，或者直接退货。但在处理这种问题之时，需要辨别用户是否为恶意退货。

一般而言，对于恶意退货的用户，尽量克制自己的情绪，不要与其发生口角之争，而是积极地寻找用户恶意退货的证据，并将这些证据发送给产品售卖平台，交由平台"小二"进行深层次地解决问题。

五、向用户及时更新问题解决的进度

当你与用户在沟通交流之时，就问题的解决方式达成共识，就可以开始着手解决问题。在解决问题的过程之中，要确保用户的知情权，向用户回报解决问题的进度，表明你一直在行动，并十分重视该用户提起的投诉。

更新进度，不仅可以让用户放心，还可以在用户心中塑造具有责任感的正面形象，增加用户的认同感。在将其投诉事件完全处理好之后，该用户可能会成为你的忠诚粉丝，并在自身的交际圈中主动为你宣传，起到拉新引流的作用。

用户投诉的理由千奇百怪，但目的都是为了满足自身的某种需求，只有揣摩用户的心理，才能更好地解决问题。当然，有些投诉完全是没有必要的。例如，不注重用户的适应性而带来的用户投诉问题完全可以避免。将产品售卖给与其相符的用户，不仅是对用户负责，也是对自身负责的表现，自然会降低这类投诉情况。

例如，某一卖奢侈品的社交电商，在与用户交谈的过程中，了解到用户是一位正在上高中的女学生，不具备支付奢侈品的能力，但是，这位店家依旧没有停手，而是告诉这位学生可以为她提供一些优惠折扣。结果该学生偷取家中的存款买了这一款奢侈品。其父母认为家中遭了贼，果断报警，最终被查出是女孩偷钱买了东西。事后，该女孩的父母认为是店家诱骗其

女购买产品，长期纠缠，要讨要一个说法，"惹得一身腥"。

作为商家应该明白"天下金钱,取之有道"的道理,应该根据用户的特性,将合适的产品售卖给合适的用户,用良心与责任来经营,才能获得用户的认可。

在社交新零售时代，信息的不对称正在逐步消失，用户的知识与鉴别能力也在逐步提升，正所谓"群众的眼睛都是雪亮的"，不要用欺骗的方式去对待客户，而是应该诚心以待。用自身的人格魅力与有效的行动能力去解决用户的问题，获得用户的忠诚。

在社交零售领域，不论是一位优秀的公关，还是一位优秀的商家，在解决用户的投诉时，秉持"以用户为中心"的准则将是最关键所在。

6.5　公关技巧二：被同行中伤，怎么处理？

社交新零售时代，市场的准入门槛降低，竞争也趋向红海化。随着竞争的加剧，一些零售企业与社交电商为了能够取得更多的市场份额，获得更多的生存与发展的空间，会不择手段、恶意竞争。其中，中伤同行、造谣抹黑是最常见的手法之一。

对于许多零售企业与社交电商而言，被同行抹黑造谣一直是各个零售企业与社交电商的难点，对这些负面消息的处理不当很容易带来更大的危机。以下几点是应对被同行中伤时的公关行为，虽然不是万能药，但对大家有一定的参考借鉴意义。

一、公关快速上线，擒贼先擒王

"天下武功，唯快不破"，对于公关而言，也是如此。当同行在网络之上散布谣言，对你恶意中伤之时，应该快速地做出反应，不能坐以待毙，否则将会错失公关的良机。

快速反应并不是胡乱无章地进行公关行动，而应该是有序的、目的明确的行动。首先，应做到"擒贼先擒王"，即找出负面信息的源头，才能对症下药。抓住散布谣言的幕后主使，阻止其恶意中伤的行为，避免负面消息的进一步传播。

但由于同行是有组织、有目的、有计划的行动，寻找源头往往十分困难，即使找到，他也很可能抵死不认，你也无可奈何。因此，在这种情况之下，有效地阻止信息的散播便是重点。

及时地与第三方网站交涉，是解决这些负面信息的重要方法。你可以收集发布负面信息的网站，筛选出其中权重高且较为稳定的网站，并与这些网站的相关负责人交涉，提供相关的证明资料，申请删除负面信息。通过此种方式，降低信息传播的速度，为后续的公关行动争取时间。

二、替换或者压制负面信息

替换负面信息就是运用正面信息去代替负面信息，吸引用户的吸引力，从而将负面信息的影响降低，维护品牌的形象。

压制负面信息主要是根据 SEO（搜索引擎优化）的规则，将想要让用户看见的信息内容放在用户搜索的前几名，将负面信息调至后方。大部分用户在利用搜索引擎搜索相关的内容之时，只会浏览网页前几页的内容信息，靠后的信息不会去关注。通过用户这样的心理，可以暂时地压制住负面信息，从而减少关注的用户的数量，降低传播的速度，缩减传播的范围。

但这只是暂时压制负面信息的有效方式，如果一直采取这种方式，可能会被用户识破，反而弄巧成拙，成为同行制造谣言的另一黑点。该方式的主要目的在于拖延时间，为找出幕后黑手预留出更加充足的时间。

三、向官方渠道投诉

当你发现自己的品牌被竞争对手通过 SEO 法则对你进行恶意造谣时，寻求证据，可以直接向官方投诉，通过官方渠道删除负面信息的帖子。

例如，在百度上可以直接通过投诉渠道投诉，让百度官方进行有效的干预，消除恶意造谣。但在百度上的投诉往往不能得到及时的处理，在这种情况之下，应该多次更换 IP 地址进行投诉，还需要准备充分的材料，才能投诉成功。

四、做好日常的负面信息防护工作

预防＋解决方案是应对同行恶意中伤的有效组合。在上述内容之中，我们了解了解决负面信息的具体方法，接下来还需了解预防方法，规避被同行恶意中伤的危机，需要做好日常的负面信息防护工作。

首先，需要做好品牌网站优化，保障网站的安全性，为用户提供优质的网站内容与服务体验。不断做精做细，提升品牌网站在搜索引擎中所占的权重，提升用户对品牌网站的认同感与信任感。用户越信任，网站在对被同行恶意中伤时，发挥的作用更大。

其次，要经常检查自身品牌网站的内容、外链接等，避免有人在其中使诈，安装木马病毒，及时清理网站内容中的木马以及垃圾捆绑软件，优化用户在品牌网站的体验。

最后，还需要时刻关注搜索引擎中与社交平台上的内容，以便及时拦截负面信息或者阻止负面信息的进一步扩大。一般而言，对负面信息处理的速度越快，越能有效地阻止负面信息的快速传播。

社交新零售时代中，舆论既是监督零售企业与社交电商的有力途径，也成为竞争的重要阵地。在社交零售的红海化竞争中，同行竞争不可避免，但恶意竞争只会造成行业内部的乌烟瘴气，不利于行业的发展。作为零售企业与社交电商，应该承担起自己的社会责任，切忌因利益而迷失方向！

6.6 公关技巧三：小事被放大，怎么处理？

江西有一家肯德基店，坐落在南昌，开店一月，生意火爆，用户络绎不绝，然而却因用户争抢座位带来不少风波。

一位女用户将其所带的物品放在座位上占座，随后去点餐，等回来时发现自己占的座位已经被另一男子占据，两位用户发生口角。但餐厅并未介入这两位用户的纷争之中。最后口角之争演变为拳脚相向，其他用户纷纷离座外逃或者在远处观望。

被打的女用户要求餐厅对此事负责，并索要相关赔偿，但餐厅经理以"这是用户之间的事情，肯德基没有责任"的理由拒绝了该用户。不料，该用户立刻向相关媒体投诉，并引起大众与法律专家的关注，为该店带来了较大的负面影响。最终，根据《消费者权益保护法》判定肯德基应对此事负责，向女用户道歉并赔偿医疗费用。

用户之间的摩擦原本是一件非常小的事情，如果当时餐厅经理能够直接道歉，可能会避免后续的风波，不会对店面的名誉造成影响。由此可见，公关无小事，如果一直忽视这些小事，将会使事件被逐步放大，最终为企业与品牌的形象带来黑点，成为竞争对手随时可以煽风起火的黑历史。

公关危机基本上都是由小事引起的，应该从小事着手去解决，而不是等事件发酵，掀起轩然大波之时，再手忙脚乱地去应对。因此，防微杜渐，从小事做起，是防止小事被放大成危机的关键。

从源头上防止小事被放大形成危机只是预防措施。当小事并未达到大事的程度，却被社会舆论强制放大，又应该如何应对呢？

加强对小事的关注程度，时刻检查自身存在的问题，避免对一些小问题的忽视，以免给对手可乘之机。

例如 DG，作为国际知名品牌，在上海开展大秀之时，却被爆出设计师辱华事件，中国模特纷纷拒绝出席。即使最后发表通告，进行道歉，也未获得大众的原谅，这为 DG 在中国的发展造成了无法挽回的损失。作为一个想要在中国打开市场的品牌，却忽视了品牌旗下设计师的言论，即使想要公关，也无力回天了。

如果该品牌能够提早发现其设计师的不当言论，并及时阻止，一切可能还会有回转之机。而如今该品牌将会受到国内大众的普遍抵制，继续公关也为时已晚。

加强对小事的关注程度，及时将危机扼杀在摇篮之中，是避免小事被放大，为企业与品牌带来负面影响的重要途径。

其次，还可以采用先发制人的方式，避免小事被放大。各个社交电商与社交零售企业可以在品牌网站、论坛、微博、公众号之中，直接将自身的问题与现状挂出，并及时更新问题解决的进度，让用户随时随刻可以加入到对企业与品牌的监督之中，不仅可以提升用户的认同感与信任感，还能让一切捕风捉影的造谣、放大小事的人无所遁形。

上述两种方式，通过一守一攻来及时防止小事被放大，适用对企业与品牌造成负面影响的情况。除此之外，在小事被放大，已经对企业与品牌的形象造成损害时，可以根据以下步骤，进行反击，维护形象。

（一）收集相关证据，寻求官方渠道的删帖处理

任何事件舆论都有其来源，社交电商与社交零售企业应该积极寻找放大小事的来源，厘清整件事情的发展过程，并提供相应的材料，请求网站官方出面，在删帖的同时，发出官方证明。

（二）与相关人员进行私下协商

对于一些捕风捉影、刻意将小事放大的人，可以直接与其进行私信，寻求较为温和的解决方法。在这一过程中，注意与相关人员对话的语气和措辞，避免对方进一步煽动大众的情绪；还需要记录与相关人员的交谈内容，这将成为后续公关工作的有效资料。

（三）提供证据，拿起法律武器维护自身的权益

私下协商如果行不通，可以通过法律手段，提供相应的证据材料，来维护自身的形象与正当权益。随后还可以通过开展新闻发布会、论坛公告等形式，来表明自身的清白，安抚用户的情绪，挽回企业与品牌的正面形象。

通过以上技巧，可以在一定程度上防止小事被放大，进而对企业与品牌带来负面影响的情况；在小事被放大之后，还可以通过公关降低影响。但最根本之处在于，要时刻铭记"公关无小事"的观念，做到事无遗漏，不给他人可乘之机。

6.7　公关技巧四：如何做好危机公关应对预案

在社交属性逐步增强的时代，社交电商与社交零售企业的现状可以用"危机四伏"这四个字来进行概括。网络的日益发达，会让一件小事逐步发酵成一件可以影响根本的危机事件，使社交电商与社交零售企业成为大众舆论的焦点。

不论是阿里的刷单事件，还是拼多多的有毒奶嘴事件，以及云集微店的传销疑云事件、饿了么叫嚣央视事件等，都在网络之上掀起了舆论大潮。相关主体与这些事件的态度以及具体、有效的公关应对预案，是影响事件能够妥善处理、安抚大众情绪的关键。

有效的公关预案包括危机到来的准备期、危机处理期，以及危机恢复期的相关公关行动，如表 6-2 所示。

表 6-2　各个时期的危机公关措施

危机预案的各个时期	相应措施
危机到来时的准备期	在第一时间建立强有力的危机处理机构、部门，这一机构与部门中，应该包括高层领导、公关专家、相关专业顾问等相关人员；建立专职的公关团队，对危机进行实时监控，并对危机的每一个阶段形成清晰的认知，寻找相关的备用方案，以便灵活应对危机
危机处理期	按照预案既定的方针、原则、分工、程序处理，在备用方案之中，选择最合适的行动方案，充分利用网络话语权，及时控制用户情绪，灵活应变

续表

危机预案的各个时期	相应措施
危机的恢复期	在危机发生以后，针对造成危机的根源，阻断信息的传播，并以最快的速度恢复用户、社会、政府对企业以及品牌的信任，可通过广告、营销、公关活动等方式适时化解危机，转危为安
公关危机过后的策略	在成功对危机进行处理后，企业并不能立即放松，要慎重地进行相关善后处理工作，并将本次的公关经历整理成书面文档，为下次公关提供分析案例与经验

以上表格内容就是一个完整的应对危机公关的预案与整体过程。除此之外，社交电商与社交零售企业在进行公关时，还需要注意了解以下几点。

（一）以诚恳、诚实为公关原则

诚恳、诚实的原则贯穿于公关的各个阶段。在危机事件发生之前，可以诚恳地向用户表明自身的问题所在，并通过实际的应对与解决方案向用户展现自身的诚意。在危机发生的第一时间就应该向用户说明相关事宜，必要时还需要通过真诚的道歉来安抚用户的情绪，在凸显企业与品牌的责任心的同时，获得用户的原谅，甚至是同情。

例如，在 2018 年以优质服务为主要特色的海底捞，被曝光食品卫生问题，引起广大群众的公愤。海底捞在面对这一事件时，则是向公众诚恳道歉，而不是转移话题，并通过停业整顿、彻查的实际行动，让大众感受到海底捞的诚心。除此之外，在海底捞整顿期间，还为员工提供了人性化的安排。这一行动向用户展现了海底捞的品牌温度，最终获得了广大群众的原谅，挽回了口碑与形象。

当你说出一个谎言之时，就需要用无数个谎言去掩盖第一个谎言，当谎言被揭发之时，会带来更大的负面影响。因此，不要用谎言这种拙劣的手法去进行公关，应始终坚守诚信的原则。

（二）谨慎对待，扑灭余火

危机在解决之后，还有复发的可能。要防止危机再度复发，需要谨慎对待，不要掉以轻心。

首先，需要对整个危机事件进行总结，明确公关行动之中不如人意之处，找出造成危机的导火索与源头，及时总结经验，为后续的公关行动做准备。

其次，在危机解决之后，也不能随意发表意见与看法，谨言慎行，避免因为言语的漏洞，成为再次煽动用户情绪的导火线，从而引起新一轮的危机。

最后，还需要保持与各个媒体之间的合作，持续跟踪后续报道，及时发现相关负面信息的出现，并加以遏制，使企业成功脱离危机。

"星星之火、可以燎原"，危机处理得不到位，很容易引发二次危机，出现"野火烧不尽，春风吹又生"的情况。这要求社交电商与零售企业要加强对媒体的关注程度，从而及时采取相关的应对措施。

在社交新零售时代，舆论危机成为社交电商与社交零售企业面临的巨大挑战。舆论是把双刃剑，合理、灵活地运用，将会是维护品牌形象、摆脱危机的有力武器；但利器无眼，稍有不慎，将会反噬自身，为企业带来无法挽回的损害。

第 7 章

5G 时代下的社交新零售变革

5G 技术的出现，为社交新零售提供了更多的发展可能性。万物互联，不仅进一步加强了社交零售企业与社交电商的社交属性，还促使社交零售形成新的典型场景，加强了线上与线下的高度融合。5G 时代的到来，为社交新零售的发展带来机遇与挑战，各个企业应提前布局，抢占先机，获得更长远的发展。

7.1　5G，对新零售意味着什么？

华为、中兴、小米等中国知名手机品牌商在 2019 年 2 月的 MWC2019
世界移动通信大会上，集体"晒"出"5G 手机"，使"5G"成为了 2019
年手机行业的"热搜词"。这对于新零售领域而言，也是一个重磅消息，
为新零售的发展带来更多变化与机遇。

5G 就是第五代移动通信网络，与 4G 相比，5G 的数据传输速度增长了
上百倍，理论上，其数据传输速度可以达到 10GB/s。网络数据传输的进步
往往会促进时代的发展，使经济业态也发生相应的改变。

2019 年 5G 手机正式面向世界发出声音，同年 6 月，5G 商用牌照也终
于成功落地，因此 2019 年可以被认作是 5G 的商用元年。根据现有信息的
分析，可以预知 5G 的大致发展阶段与方向，如图 7-1 所示。

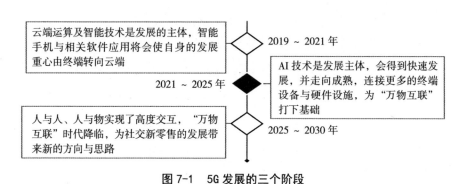

图 7-1　5G 发展的三个阶段

5G 的不同发展阶段对社交新零售的影响不同（图 7-2），那么 5G 时代
又将给零售市场带来何种变革呢？对于社交新零售而言，5G 又将意味着什
么呢？这对社交新零售的发展又有何影响呢？

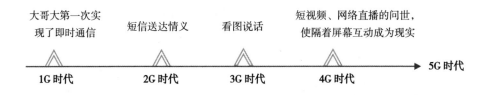

图 7-2　1 ～ 4G 时代的演变发展

一、5G 带来的新零售未来消费图景

曾经，这样的消费场景屡见不鲜：某用户在逛街时试穿了几件衣服，却陷入了选择纠结症的困境之中，不知道该买哪一件。这时，她可能会在朋友圈里求助，也可能站在镜子前与朋友视频通话，让他帮忙拿主意。但这样的操作花费的时间太多，会使用户的购物体验降低。

在 5G 时代之中，只需要手指轻轻一点，就可以直接将朋友带到眼前。这是因为 VR/AR 中的全息投影技术，让用户双方随时随地都能够以虚拟的形态出现在双方面前。

在 5G 时代，用户的线上社交也更为直面化，用户可以通过虚拟形态，对商家进行一定的了解，并在未接触到实物的情况下，感受到其购买的产品的材质、样式等特征，加强了用户对企业与商家的认同感与信任感。

5G 时代使网络数据传输速度再创新高，将延迟降到最低，让用户可以有身临其境的体验，让"所见即所得"。同时，VR/AR 内容处理、储存等都会在云端空间进行，不需要通过实体设备的操作，也能实现对 VR/AR 得到内容处理，在最大程度上降低了 VR/AR 技术的使用成本，这是 VR/AR 可以普及的前提。

用户可以通过 VR 头盔在全球范围内购物，即使身处中国，却能逛遍米兰的蒙特拿破仑大街、美国的第五大道、日本的东京银座等购物圣地。5G 时代，将全球商圈搬至线上已经不再是遥不可及的梦想，而是触手可及的未来。

拥有超高传播速度与实时能力的"5G"，能够将空间的每一个部分串联起来，打破空间局限，在整个空间内实现全链接。在 5G 时代中，VR 虚拟现实技术，将会给用户提供愈加接近真实的产品体验。

在 5G 链接的全空间里，产品将会愈发智能化，会根据用户的需求"自荐枕席"。在未来，甚至每个人还可能拥有人工智脑，在成为人们的生活与工作的助手的同时，还会成为身份的第二证明。

二、5G 赋能于社交新零售

在社交新零售时代，社交变为时代的属性，也将给整个行业带来翻天覆地的变化。崛起的具体的变化如下。

（一）零售物联，促进商业场景化

5G 技术与物联网技术的强强联合，极大程度地降低了商业场景画的难度。新兴的先进技术赋能与智能社交零售，并为其发展过程中遇见的问题提供具体的解决方案，促使人、场、货之间的关系的重建，使用户既能在个人终端进行产品体验，还能在线下体验真实的购物消费场景。

未来社交新零售将会为用户提供更加具备个性化与多样化的服务与体验。对于零售领域而言，商业场景将不再局限于线下实体店，还可以通过 VR 技术，构建线上商业场景。用户可以直接通过线上渠道，与其他用户、产品、场景建立联系。

（二）社交新零售服务，增加用户消费乐趣

未来的社交新零售，将不仅是零售，更多的是一种乐趣。在 5G 时代，社交电商与社交零售企业只有不断地促进商业场景化的升级，为用户带来更多有趣的服务与体验，才能让更多的用户买单，并逐渐形成自身的竞争优势。

（三）为社交新零售带来更真实的互动体验

5G 赋能于社交新零售，将会为用户带来更好玩、更真实的互动体验。对于社交新零售来说，如何通过 5G 应用来提升用户的消费体验，加强与用户的交互，是其应该思考的重点。例如，通过 VR\AR 技术，与用户实现面对面的交谈等，都可以成为未来加强与用户交互的方式。

（四）加强社交新零售的各种社交关系

5G 对于零售领域的重要性在于：其一，5G 比 4G 的速度快，理论上 5G 的速度是 4G 的 100 倍；其二，与 4G 网络相比，5G 的延迟更低，信息传播速度会有一个质的提升。

这两个特点让用户的需求能够得到快速响应。如今，如果用户突然"想吃一顿带鸡肉的减肥餐"，还需要在各个外卖平台上进行筛选操作，花费的时间较多；而在 5G 时代，用户可以通过终端，说明自身的需求，终端将会根据用户的需求与商家进行匹配，让用户能够快捷地寻找到自身需要的产品与服务。

注重提供便捷服务与提升用户体验的社交新零售时代，加强了用户与用户、用户与产品、产品与产品的交互，从而增强的社交属性使用户在与商家、其他用户、产品的交流过程之中寻找到最符合自己需求的产品。

5G 技术与社交新零售的结合，将会打造一个发展的好时代，也将带来一个危险的时代，即为社交电商与社交零售企业带来机遇的同时，还带来了挑战。社交电商与社交零售企业应该选择优秀的合作伙伴，及时地把握时机，进入发展的风口，才能顺应时代的发展。

综上所述，5G 技术促使了大数据技术、云计算、物联网等技术的发展与普及运用，使社交新零售得到了更高层次的发展，将为社交新零售行业带来另一个"春天"，促进万物互联，让用户的所见即为所得。

7.2　万物互联：5G 创造新零售世界，让所见即所得

5G 让万物互联，推动了社交新零售的发展，让用户所见即所得，所想即所得。

一、所想即所得：虚拟消费，让用户身临其境

在 5G 时代，高速的数据传输与超强的实时能力，使 VR/AR 能够精准细腻地捕捉人体的语言、动作、神态等，使人体的虚拟模型呈现出更为真实、自然的状态。换言之，如果打破数据传输的局限，会让虚拟无限趋向真实。人们在网上的沟通与交流可以算得上是真正实现了"面对面"。

据网络消息称：某位于美国硅谷的创业公司 Aromyx 已经对外宣称"已经掌握了将香味与味觉数字化的技术"。这一信息预示着将人们的五官感觉数字模拟化不再遥远，实现真正的"身临其境"的未来可期。

身临其境的未来就是：用户躺在床上能欣赏到日本漫山遍野的樱花等风景，足不出户却能游遍天下；吃饭时能通过最好的视角观看演唱会，不用蜂拥而上也能追随"爱豆"；在购物主播推荐一件衣服时，抬起手能感受到衣服材料的质感；看着主播吃东西，也能大饱口福，还不用担心长胖的问题……

除此之外，用户还可以体验虚拟试衣间、虚拟试妆的虚拟智能化服务。这是通过 5G 技术，让终端设备对细节进行更为细腻、实时的捕捉，并将需要计算分析的数据结果上传至云端空间，经过云端的计算与精准的匹配之后，让用户可以在终端体验到"真假难辨"的产品。

这种虚拟化的消费将会改变新零售的产品内容与服务层次，促进新零

售向更为智能化的方向发展。

二、所想即所得："货随心动"，与用户心灵相通

5G移动通信技术，不仅能够加强人与物之间的互动，还可以加强物与物的交互。5G能够极大地拓展带宽，使更多的人与物、物与物进入带宽的"车道"之中，从而实现"万物互联"的目的。

在未来，物联网设备数量将会不断攀升，在2020年将会达到204亿。如果在未来，物联网设备达到预计数量，将会使各个社交电商与社交零售企业在降低成本、提升零售效益方面"更上一层楼"，从而实现产品的高智能化，让"货"跟随用户的心而动，提升用户的购物体验。

当后台数据了解到某一会员的消费倾向后，就可以为这位会员赠送她可能会喜欢的产品样本，增强用户的体验；当某一热销产品的库存即将告罄之时，会被货架的传感器准确地感知，促进及时补货。而补货的整个过程也因为会被实时监控，提高了补货的速度与效率。

当人工智能通过对后台数据的分析，发现粉底液与卸妆棉的销量之间存在超高的关联性后，就会自行将粉底液与化妆棉组合摆放，并将这一信息传送给仓储系统，实现同步跟进。

万物互联对用户的生活方式与习惯带来了巨大变化。其智能化、人性化、数字化的服务将用户想要的产品准确、及时地送到眼前，与用户的心理变化达成一致，可谓是"心有灵犀一点通"。

三、所见即所得：无人配送，解用户之忧

5G时代让AI运用到人们的工作生活的各方面之中，AI技术引领的智能化将会成为发展的常态。除了虚拟试衣间等智能化产品体验外，无人配

送的物流系统也开始走向全面智能化、数字化的道路。无人机与无人送货车正在被广泛地投入使用。AI 技术的运用，必将把人从那些低创造、高重复的各种工作中解放出来，而物流配送行业是第一改造对象。

无人配送机器人可以通过高带宽、低延时、抗干扰的 5G 技术，实现实时通信与安全运行。实时通信使无人配送机器人不再只通过 GPS 导航系统运送货物，而是利用如人眼一般的智能视觉能力，穿梭在房屋密集、环境复杂的城市道路之中，真正地做到无人配送。

除此之外，5G 技术还可以赋予无人配送机器人 DtoD 的特性。DtoD 是 "door to door" 的简写，即 "门到门"，是 "上门服务" 的意思。每一个区域都会设立物流网络系统，在同一系统之下的无人配送机，能够互相传递信息情报，使无人配送机能够配合得更加完美、高效，对整个区域系统下的用户提供更快捷、优质的配送上门服务。

在实时监控、实时通信下的配送过程，使无人配送机真正地实现 "所见即所得"。在 2019 年 6 月，美团与联通强强联合，以 "将 5G 网络和车载通信技术融合到无人配送的领域之中，提高无人配送的服务水平" 为主题，达成了合作意愿，并签订了合作协议。这在增强用户对无人配送的体验感的同时，也推动了无人配送的高速发展。

四、"分钟级" 物流体系：即时送达，缩短等待时间

物流体系的不断升级，促使物流速度不断提升。随着竞争的不断加剧，物流的时间标准也有了变化。从 "外地 2、3 天至 1 周送达" 的标准，演变到 "211 模式" 标准，即用户在上午 11 点以前提交订单可当日送达，晚上 11 点后提交的订单，承诺在次日 15 点前送达。外地快递送达的计量单位从 "周" 转变到 "天"。

而同城"最后一公里"的配送速度更让人吃惊,"小时级"配送已经开始成为过去时,"分钟级"的配送正在精彩"上演",成了各大平台、零售企业争相追逐的目标。

"以势赢者,势颓则衰;以力胜者,力尽则亡",而以快登顶者,无法可破。正是因为明白了"快"的重要性,各个零售企业与平台,十八般武艺齐亮相,力求一个"快"字。

在 2018 年 7 月,美团以闪购业务征求"快"。用户购买超市便利、生鲜果蔬、鲜花绿植等产品,都可以通过美团闪购,享受 30min 配送上门,享受全天候无间断的配送服务。在家不想出门怎么办?打开美团外卖,选择闪购服务,下单支付,只需 30min 就可收到所购产品。

5G 时代,促使万物互联,加强了"人与物""人与人""物与物"之间的交互程度,促使社交新零售能够发展的更为长远。社交新零售作为新零售的升级版,其依托于 5G 形成了 3 个经典的应用场景,为用户提供升级体验,促进零售企业与社交电商的发展。

7.3　5G+ 社交新零售 =3 个典型应用场景

自从 5G 问世以来，已经成为众人谈论的热点话题，也是社交新零售领域关注的重点。5G 最鲜明的 3 个特点为速度快、高容量、低延迟，这为社交新零售的发展提供了更多的可能性（图 7-3）。

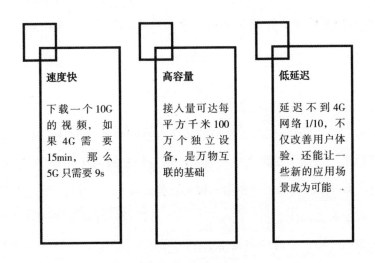

速度快

下载一个 10G 的视频，如果 4G 需要 15min，那么 5G 只需要 9s

高容量

接入量可达每平方千米 100 万个独立设备，是万物互联的基础

低延迟

延迟不到 4G 网络 1/10，不仅改善用户体验，还能让一些新的应用场景成为可能

图 7-3　5G 的特点

在如今社交新零售蓬勃发展的时刻，促进 5G 技术与社交新零售的融合与发展已经刻不容缓。在此种背景之中，让社交新零售与即将到来的 5G 更好地结合，促进零售行业的发展与数字化变革，是社交电商与社交零售企业正在积极探索的问题。

围绕这一问题，基于 5G 的特点，社交新零售可以形成以下三个经典场景。

一、基于速度的应用场景

在 5G 时代到来后，所有的用户端产品均为视频接收器，将不会再有PC 端、手机移动端、平板等终端的区别。

以用户购物为例，用户可以直接通过与商家的虚拟面谈，阐明自身的需求，并通过运营商服务器的运算，将产品与用户的需求进行精准的匹配，然后用户再通过自己的视频接收器，了解相应的匹配产品，让用户自行决定。

AR 与 VR 提供的虚拟画面细节，远远超过了 2D 屏幕的显示效果，而5G 用更多的数据来支撑更多细节，让用户体验全新与商家交流与消费的场景。

二、基于容量的应用场景

万物互联就是基于 5G 容量形成的应用场景，通过 5G 网络将所有的物品连接起来，加强了人与人、人与物、物与物之间的交互程度。在此种场景之中，用户不仅可以与其他用户建立直接的联系，还能与产品建立联系。

以智能家居为例，用户在购买之前，可以通过虚拟技术与其他用户进行面对面的交谈，并通过虚拟模拟在网络上再现产品的外观、质感等。用户在经过虚拟体验产品之后，再进行决策购买行动。

在人与物、物与物的交互上，用户在外地都可以通过自己的终端管理家中的电器，可以提前烧水、开空调等。通过对 5G 技术赋能于家居，全面收集用户的消费喜好、需求等方面，并及时地向用户推荐其需要的产品。例如，某用户家中的空调坏了，经过智能系统检测，无法修理，因此可以直接将售卖空调的商家与用户的需求匹配，快速为用户安装新空调。

三、基于低延迟的应用场景

这种低延迟的应用场景，贯穿用户消费的整个过程之中。

首先，通过低延迟的 5G 技术，让用户与商家的虚拟的、面对面的交谈成为现实，这是低延迟的社交应用场景；其次，用户在挑选产品时，会通过 5G 技术对产品的材料、质感等有一个更为直观的感受与接触，这是低延迟的消费场景；产品在运送给用户的过程之中，用户可以通过 5G 技术，实时地掌握产品的具体位置，这是低延迟的物流场景。

低延迟的 5G 技术，促进了用户的体验升级。

在未来，5G 将会与社交新零售进行高度的结合，不止会形成以上场景，还有更多的发展可能性。例如，通过大数据、人工智能技术促进便利店、商超、商业综合体等不同业态向智能化、数字化的转型预升级。真人虚拟交谈、虚拟社交，也将成为可能，这将会为社交新零售领域带来翻天覆地的变革。

7.4　线上线下，高度融合

社交新零售的发展，再加上与 5G 的结合，让一切向着更快更便捷的方向发展，人们的生活方式更是发生了翻天覆地的变化。

前几年外卖的兴起，缩短了人们与所需商品的距离，而如今社区小店的建立更是让用户与商品实现零距离接触，让消费者"一切所见，即为所得"。

在 2018 年 7 月，美团以闪购业务征求"快"。据美团数据显示：美团外卖有 53 万骑手整装待阵，为 2500 个县市提供闪购服务。这样规模庞大的外卖配送体系，使用户在线上提交订单之后，可以快速地接受到线下的物流配送服务。

菜鸟与阿里也不甘示弱，在同年 8 月，其联合宣布：将率先在杭州推行送药上门的服务，承诺白天 30min 内、晚上 1h 内送药上门，这使杭州成为全国首个提供全覆盖、全天候、分钟级的送药服务的城市。据数据显示：用时最短的送药服务仅用了 10min，可谓是神速。

除此之外，达达与京东联手推出了 35min 送达业务；盒马生鲜承诺周围 3km 范围内订单可以在 30min 内完成；易果、每日优鲜也紧跟潮流，纷纷加推出了"分钟级"的配送服务。

传统的物流快递的目的仅仅是为了送达货物，只注重末端站点。而如今的物流配送更加注重起始端（零售企业与零售商）与末端（用户）的联结，在及时送达的同时，为用户提供更加优质的体验。这种端对端的物流配送，已经成为实现 O2O（线上到线下）的重要部分，使线上与线下的融合能够促进更高流量与最优服务的产生。

社交新零售降低了用户的决策时间、购买时间，而即时配送，通过缩减物流时间与物流距离，降低了用户的使用时间，可以将用户需求反馈到供应端，从而使供应端不断地改良自身的服务品质，满足用户更多的需求。

相比较传统的社区小店，社交新零售时期的社区小店则更具有灵活性，尤其在布局上，它可能是无处不在的：可能在办公室里，可能在出租车上，可能在一切与用户紧密相连的地方。在社交新零售时代，办公室白领可以直接在货架上拿零食吃，乘车乘客可以直接在出租车上的小小"便利店"购买所需的物品，用户所需的物品可以零距离满足，一切将变得触手可及。

这种零距离，不仅是空间上的零距离接触，更是时间与情感上的零距离。传统的零售模式中，往往是商家提供什么，用户就需要购买什么，用户是被动接受的。

而在社交新零售时代，是用户需要什么，商家就要满足什么，用户的需求得到了重视。不仅用户主动提出的需求可以得到满足，用户还可以向商家提出一些"无理取闹"的小要求，将会实现产品与用户之间的零距离。

社交新零售，让很多业态焕发出新生，实现了转型与升级，将线上线下的数据整合打通，商品库存管理、货架摆放优化、配送时效等都可以全方位掌控。

同时，这些多元化生态又可以互相合作，借助朋友圈的社交关系持续分享，继续裂变，实现引流的同时，扩大与更多的用户接触的机会。并通过用户的社交关系培养用户的生活习惯，挖掘社交关系中的更大价值。

依托于社交活动实现裂变的社交新零售，在 5G 时代的趋势也将不会改变，即向用户提供小而美的爆品。这是能够提升用户自动传播的概率的关键所在，这不仅要求社交电商与社交零售企业能够让用户享受到更加优质的体验，保持对产品的信心，还要不断地运用各种营销策略，激发用户的购买欲，提升销售额。

有人曾说"吃饱肚子是获得尊严的前提,同理,获取利润才会促进企业获得尊严。"这句话对于社交电商与社交零售企业同样适用。而获取利润的最佳方式就是以用户的需求为中心,打造更加优质的、小而美的产品。

各种社交新零售场景不断出现,在量的积累之中,最终会带来质的变化,产生出变革的火花,而小而美的爆品将是引起这场变革的导火索。正所谓"得道者多助,失道者寡助",在5G的时代到来之际,为社交新零售带来变革,"道"就是用户,即得用户心者得天下,才能在5G时代占尽先机。

7.5　提前布局，错过是最大的成本

"风云万变一瞬间"，在如今快速变化的时代之中，速度制胜。当一个新事物出现之时，往往伴随着风险与机遇。只有抢先布局，才能占得先机，并在这个群雄并起的时代获取更多的生存与发展的空间。

在社交新零售领域，拼多多在三年之间，交易额突破千亿，其市值更是达到 300 亿美元；云集也不甘示弱，积极扩展规模，其会员已经达到 740 万人，最后成功敲响上市的钟声；贝店，作为国内数一数二的社交电商，也紧跟其上。截至 2018 年末，贝店已经与全国 4485 万用户建立较为深刻的联系，其规模覆盖极广，全国 96% 的县市地区都已在其羽翼之下。

除此之外，在社交新零售领域之中，还有一批新生势力正在快速成长，例如环球捕手、达令家等品牌。社交新零售几乎进入了发展的黄金时期，发展红利正在开启。

中商产业研究院发布的《2018 社交电商行业发展报告》是佐证社交新零售发展的有效数据，该报告显示：2018 年，社交新零售发展迅速，市场规模已经扩展至 11 397.78 亿元。

各大电商平台在预料到社交新零售的发展趋势之后，早已开始试水。例如，阿里开展淘小铺，京东尝试拼购，唯品会推出云品仓，苏宁开始发展苏宁拼购等，社交新零售可谓是发展地风生水起，为零售行业的发展提供了新的思路与发展方向。

2018 年是社交新零售兴起的一年，而 2019 年是社交新零售兴旺发展的一年。2019 年 10 月，一场有关社交电商的狂欢盛宴——2019 杭州国际社交电商博览会将会见证社交新零售领域的蓬勃发展。这场盛会以社交电商行业内部的产品展示与技术交流为主要内容，产品品类多样，包含化妆品、彩妆、日化、洗化、美体、健康、养生、个人护理、孕婴童用品等，多种多样。在此盛会之中，专门开设社交电商技术交流展区，包括物联网技术、云计算技术、数字技术、移动支付技术等。

这次盛会不仅可以展现出社交新零售的发展现状，还能增加大众对其的了解，促进受众与社交电商的接触与对接。并通过对各种产品与新技术的展示，让零售领域的同行能够获得转型升级的启发，创造出一片更为广阔的发展空间。

对于传统零售领域的企业与商家而言，紧跟时代，利用新技术、新理念进行改革创新，才能在瞬息万变的时代之中获得发展的机会。在未来，社交+新零售将会是零售领域发展的趋势，而5G将是促成这一趋势的根本因素。因此，传统零售企业与商家需要向社交新零售靠拢，依托于5G技术，通过人与人之间的传播链接，实现与用户交互、引流变现的目的，促进自身的长远发展。

在社交新零售与5G交汇的时代，社交改变了传统零售企业与电子商务的流量格局，5G加强了线上与线下的融合，共同构建立体的用户消费场景，重构"人、货、场"。在这种新的、立体的消费场景中，用户可以打破时间与空间的局限，不仅可以在线下实体店体验消费与服务，还可以随时随地，通过线上渠道消费与体验服务。

不仅如此，用户还可以在社群之中，直接与社群对话，提出自己的需求，从而获得量身定制的产品或者服务。为用户提供更好的产品与服务，将是社交零售得以生存与发展的根基。

社交新零售与5G的结合，也是各个社交电商与零售企业提升核心竞争力、继续发展的机遇。在新技术的支持下，依托于云计算，零售企业与社交电商可以通过所有的销售终端收集用户的数据，并加以分析，制定更为高效的运营销售计划。

例如，5G 技术支撑的物联网可以赋能与自动售货机，通过云计算技术，获得每一台自动售货机的销售数据，有利于及时补充货物，了解最受用户喜爱的产品，并根据用户的消费偏好，重新规划产品，从而提升销售额。

除此之外，社交新零售时代的云计算技术与人工智能技术，还可以通过各种服务场景，获得场景数据，并通过数据的整理与分析，优化服务场景，促进用户的体验升级，与用户建立更为深刻的联系。

虽然数据只能反映用户过去的消费需求，但社交电商与零售企业可以通过对数据的分析，了解用户的消费喜好，了解用户的未来需求，甚至还可以去影响用户的消费需求与消费理念。除了云计算与人工智能技术，移动支付刷脸技术也将成为中小微零售企业成功转型的技术支撑。

对于实力强横的社交电商与零售企业而言，在社交新零售与 5G 交汇的时代之中，只需要大胆尝试、不断创新，便能获得更多的发展空间。对于中小微零售企业而言，依附于互联网零头企业，寻找合适的社交平台，通过社交裂变的形式引流，获得精准而忠诚的用户，是其实现转型升级，获取发展空间的主要途径。

如今，已经有先行者通过云计算等技术，突破了线下与线上的壁垒，获得新的生机与发展方向。如果还不行动，抢在社交新零售的红利时期，在 5G 时代降临之前进行布局，将会错失良机，甚至丧失在零售领域之中立足的机会。

时代，不会等待任何人。社交新零售与 5G 时代的钟声已然敲响，5G 已经成为社交新零售继续发展的支撑，如果不能跟上时代的步伐，将会被时代遗忘，最终悄无声息地消失在激烈的竞争之中。